구석구석 찾아낸 서울의 숨은 역사 이야기 ①

무서워서 피하나? 더러워서 피하지! - 피맛골

글 권영택 | 그림 김건

책먹는아이

| 머리말 |

역사는 과거와 현재의 대화

　우리가 역사를 배우고 선조들이 남긴 문화유산을 보호하고 가꿔야 하는 이유는 무엇일까요?

　우선은 역사가 지나간 과거이기는 하지만, 사람이 만들어가는 역사는 계속해서 반복되는 것이기에 과거의 역사를 통해 미래를 내다볼 수 있는 혜안을 기를 수 있기 때문에 역사를 배우는 것입니다.

　또한 오늘을 사는 우리에게는 우리가 만들어낸 역사와 더불어 우리의 선조들이 남긴 훌륭한 문화유산을 우리의 후손들에게 잘 전달해 줄 의무가 있기 때문입니다.

　지금 당장은 경제적 가치가 없는 것처럼 보일지 모르지만, 선진국일수록 문화유산을 보호하고 아끼는 것을 보면 꼭 그렇지만도 않은 것 같습니다. 아니, 오히려 문화유산은 값으로 따질 수 없는, 그 이상의 의미를 지닌 것이라고 할 수 있을 것입니다.

　거리에 굴러다니는 돌멩이 하나라도 함부로 대할 수 없는 이유가 바로 여기에 있습니다. 이 책이 역사를 배워야 하는 이유, 우리의 문화유산을 보호하고 가꾸어야 하는 이유에 대해 조금이라도 답이 되었으면 하는 바람입니다.

이 책에서는 다음과 같은 내용을 다루고 있습니다.

피맛골 – 종로통의 뒷골목입니다. 넓은 길을 놔두고 왜 하필 좁은 골목길로 통행해야 했을까요? 조금 있으면 재개발로 인해 피맛골이 역사의 뒤안길로 사라질 운명에 처해 있어요.

육조거리 – 육조거리를 아시나요? 오늘날의 광화문에서 광화문 네거리까지를 육조거리라고 불렀어요. 왜 육조거리라고 불렀을까요?

서울 성곽 – 서울 성곽을 본 적이 있나요? 아마 봤어도 무심코 지나쳤을 거예요. 동대문, 남대문은 잘 아시죠? 서울 성곽에 설치했던 네 개의 큰 문과 네 개의 작은 문에 대해서도 배울 수 있어요.

이 밖에도 모함으로 억울하게 죽은 남이 장군 이야기, 바위도 많고 사연도 많은 인왕산 이야기, 재동 백송 이야기, 죄인들의 아지트였던 청계천 이야기 등 구석구석 찾아낸 흥미진진한 이야기가 많이 담겨 있습니다.

글쓴이 권영택

| 차례 |

제1장 똘똘이와 떠나는 서울 나들이

지리학자가 될 거예요 • 12
똘똘이의 버스 요금은 얼마일까요? • 14
조선시대로 가려면 몇 번 버스를 타야 해요? • 16

제2장 광화문 네거리

무서워서 피하나? 더러워서 피하지! – 피맛골 • 22
피맛골에서 유명한 '내외술집' • 26

알쏭달쏭 역사 확대경 피맛골 | 육조거리 | 종로 • 31

조선시대 최고의 장작 상인, 최순영 • 34
최순영을 이긴 브라이상의 양탕국 • 39
양탕국을 먹고 쓰러진 세자 • 43
양탕국으로 브라이상을 이긴 최순영 • 49

알쏭달쏭 역사 확대경 을미사변 | 아관파천 | 서울 성곽 • 56

제3장 고대수를 아시나요? – 광희문

동서남북의 4대문은 무엇일까? • 62
시체가 나가는 문, 시구문 • 63
고대수를 아시나요? • 67
은혜를 갚은 고대수 • 72

알쏭달쏭 역사 확대경 갑신정변 |
4대문 · 4소문 • 78

제4장 한 많은 남이 장군

세조의 용맹한 신하, 남이 장군 • 84
음모에 휘말려 사형을 당하다 • 88
남이 장군의 혼령이 나타나는 집 • 93

제5장 바위도 많고 사연도 많은 인왕산

당신을 잊지 않겠어요, 치마바위 • 101
소원을 들어 주는 붙임바위 • 106
알쏭달쏭 역사 확대경 중종반정 • 111

제6장 흘린 피를 재로 덮고 – 재동

비운의 왕자, 안왕 • 114
잿골이 재동으로 바뀌다 • 116
부를 가져다 주는 흰 소나무 – 백송 • 121
충신과 함께 울고 웃는 흰 소나무 • 127
알쏭달쏭 역사 확대경 신미양요 | 강화도 조약 | 연암 박지원 |
일제의 우리 땅 이름 바꾸기 • 132

제7장 죄인들의 아지트, 청계천

가짜 산에 모인 꼭지떼 • 138
꼭지떼를 없애는 묘책 • 143
부패 관리를 끓는 물에 풍덩! – 혜정교 • 145
알쏭달쏭 역사 확대경 청계천의 어제와 오늘 • 150

지리학자가 될 거예요

내 꿈은 지리학자가 되는 거야.

이곳 저곳 돌아다니며 숨어 있는 이야기들을 듣는 게 정말 신기하고 재미있거든.

엄마는 지리학자가 되려면 많은 노력을 해야 한다고 했어. 뭐, 다른 엄마들처럼 일단은 공부를 열심히 해야 한다는 얘기지.

나도 그건 알아. 하지만 그냥 책만 보면서 외우는 건 좀 심심하다는 생각이 들었어. 그래서 직접 돌아다니며 보면서 공부하면 안 되겠냐고 엄마한테 물었지.

여러 곳을 돌아다니며 지역의 특징에 대해 공부하는 거야. 생각만 해도 신나지 않니?

나는 당장이라도 우리나라의 수도인 서울부터 공부하고 싶었지만, 엄마는 아직 내가 어려서 혼자 다니기는 위험하다고 했어. 그 때 나는 초등학교 3학년이었거든.

엄마의 마음을 모르는 건 아니지만 난 어리지 않아. 벌써 13살이나 된 걸. 난 다 컸다고 생각해. 그래서 결심했어. 서울 나들이를 떠나기로 말이야.

내 친구 똘똘이를 데려가기로 했어. 사실 막상 혼자 떠나려니까 겁이 좀 나기도 했거든.

똘똘이도 이 사실을 알고 있는지 새벽부터 내 방 창문 앞에서 "왈왈왈!" 하고 큰 소리로 짖지 뭐야?

똘똘이 소리를 듣고 잠에서 깬 나는 얼른 준비를 하고 가방을 챙겼어. 오늘은 엄마랑 아빠가 아침 일찍 외출을 하시는 날이거든.

가방에는 물통 하나랑 단팥빵 하나 그리고 어제 먹다 남은 쿠키 3조각을 넣었어. 그리고 아빠와 등산할 때 먹곤 하던 오이도 하나 넣었어. 참, 그리고 제일 중요한 지하철 노선표하고 서울 지도도 함께 넣었어.

"민지야, 혹시 길을 잃거나 무슨 일이 생기면 근처 경찰서 지구대를 찾아가도록 해. 그리고 엄마한테 전화하는 거 잊지 말고. 알았지?"

내가 외출할 때면 항상 하시던 엄마 말씀이 갑자기 떠올랐어. 그래, 무슨 일이 있으면 지구대를 찾아가면 되지 뭐.

밖에서 기다리다 지친 똘똘이가 항의하듯 짖기 시작했어. 똘똘이와 내가 단 둘이 여행을 떠나는 건 태어나서 처음 있는 일이라 똘똘이도 흥분이 되나 봐.

나는 씩씩하게 현관문을 열어젖혔어. 내가 현관문을 열고 나오자 똘똘이가 꼬리를 흔들며 나를 반겼어. 자, 드디어 출발!

똘똘이의 버스 요금은 얼마일까요?

나는 똘똘이를 데리고 버스 정류장으로 달려갔어.

그런데 궁금한 게 생겼어. 난 교통카드로 버스를 타면 되지만 똘똘이는 어쩌지? 강아지는 버스 요금이 얼마인지 알 수가 없었거든.

"똘똘아, 어떡하지? 네 교통카드도 사야 하나?"

"왈왈왈!"

똘똘이는 다시 집에 가기 싫다고 했어. 사실 나도 다시 집으로 돌아가고 싶지는 않았어. 왜냐하면 그렇게 되면 우리의 견학 시간이 늦어지기 때문이야.

"그래. 그럼 똘똘이 네 차비는 현금으로 내자. 괜찮지?"

"왈왈!"

"그런데 똘똘이는 얼마를 내야 하지?"

그 때 멀리서 먼지를 일으키며 버스가 달려와 내 앞에 멈춰섰어.

"안녕하세요, 기사님?"

"안녕, 꼬마야. 어디까지 가니?"

"광화문이오."

버스에 오르며 기사님께 물었어.

"우리 똘똘이는 얼마를 내야 해요? 교통카드가 하나밖에 없거든요."

내 질문에 기사님은 허허허 웃으며 말씀하셨어.

"강아지는 버스비를 내지 않아도 된단다."

기사님의 말씀에 나는 안심이 되었어. 그래서 똘똘이에게 외쳤어.

"똘똘아, 너는 공짜래. 어서 올라타."

"왈왈!"

내 말을 들은 기사님이 다시 허허허 웃으며 말씀하셨어.
"그렇지만 강아지를 데리고 대중교통을 이용할 때는 몇 가지 규칙을 지켜야 한단다."
기사님은 나에게 간단히 설명을 해 주셨어. 그리고 이번 한 번은 허락해 주신다고 하시며, 똘똘이가 다른 승객에게 피해를 주지 않도록 꼭 안고 있으라고 하셨어.
우리는 드디어 첫 목적지인 광화문으로 향했어.

조선시대로 가려면 몇 번 버스를 타야 해요?

"저기 건널목을 건너면 그 바로 앞이 경복궁이란다."
버스에서 내린 나는 기사님이 일러 주신 대로 건널목을 건넜지만, 아무리 둘러봐도 경복궁은 보이지 않았어.
한참을 그렇게 헤매다가 힘이 든 나는 벤치에 앉아 가방 속에서 물을 꺼내 마셨어.
"똘똘아, 너도 목마르지?"
나는 똘똘이에게도 물을 주었어.
"나도 물이 먹고 싶어."
그 때였어! 웬 수염이 덥수룩한 할아버지가 똘똘이 얼굴 옆으

로 입을 크게 벌리고 물을 달라고 애원했어. 나는 깜짝 놀라서 그만 물을 할아버지의 얼굴에 부어 버렸어.

"푸하! 푸하! 으아~ 시원하당."

"누, 누구세요?"

나는 겁에 질린 목소리로 물었어. 그런데 깜짝 놀란 똘똘이는 벌써 100미터 멀리까지 도망가 버렸지 뭐야.

"놀라게 했다면 미안. 나는 지도를 그리는 김정호라고 해."

"김정호?"

김정호(?~?)
조선 후기의 실학자, 지리학자, 지도 제작자.
호는 고산자.

"그래. 조선의 지도를 만들기 위해 여행중인데, 갑자기 이 곳으로 오게 됐단다."

순간 내 머릿속에 번뜩 지나가는 것이 있었어. 그건 바로 대동여지도를 만든, 조선 최고의 지리학자 김정호였어.

"혹시 할아버지가 대동여지도를 만든 김정호 할아버지세요?"

내 말을 들은 할아버지는 무슨 귀신 씨나락 까먹는 소리냐는 듯한 표정을 지으며 물었어.

"뭐, 대동여지도? 아니, 누가 나보다 먼저 지도를 만들었단 말이냐?"

내 예상은 빗나가고 말았어.

"그런데 말이다, 너 왜 자꾸 날 할아버지라고 부르냐? 내 나이 아직 창창한 19세란 말이다."

김정호 할아버지인지 오빠인지의 말을 들은 나는 깜짝 놀랐어. 멀리 도망갔던 똘똘이도 믿을 수 없다는 듯 가까이 다가와 얼굴을 관찰할 정도였으니까.

"시간이 없어서 수염을 못 깎아서 그래. 이래 봬도 수염 깎고 머리 자르면 완소남이다 이거지. 그러니까 오빠라고 불러. 알았지?"

썩 내키지는 않았지만 우린 할아버지를 오빠라고 부르기로 했어. 기분이 좋아진 김정호 오빠와 나는 이런 저런 이야기를 나누기 시작했지. 김정호 오빠는 내가 혼자 견학을 한다는 소리를 듣고 그럼 같이 다니자고 했어. 그러면서 오빠가 아는 얘기를 들려주겠다는 거야.

 이건 바로, 내가 그렇게 힘들게 찾던 이야기들을 전해들을 수 있는 절호의 기회인 거잖아!

 "그것은 바로 과거로의 견학!"

 과거로의 견학? 혹시 타임머신 같은 걸 타고 여행하는 건가? 똘똘이와 나는 기뻐서 폴짝폴짝 뛰었어.

대동여지도
조선 철종 12년(1861)에 김정호가 만든 전국 지도. 총 21첩으로, 병풍처럼 접고 펼 수 있는 형태로 되어 있어 모두를 위아래로 맞추면 전국 지도가 된다.

무서워서 피하나? 더러워서 피하지! – 피맛골

서울 한가운데에는 서쪽에서 동쪽으로 넓고 긴 도로 몇 개가 쭉 뻗어 있지.

종로, 청계로, 을지로가 그것인데, 을지로와 청계로는 생긴 지 얼마 안 된 길이지만 종로 거리는 옛날부터 있었던 길이야.

조선시대 때 이상하게도 일반 백성들은 이 종로 거리를 지나가기를 꺼렸다고 해.

지체 높은 양반들만 이 길을 다니라고 법으로 정한 것도 아닌데, 왜 그랬을까? 거기엔 이런 이유가 있었어.

"물럿거라! 영상(영의정) 대감 행차시다!"

TV 역사 드라마에서 이런 장면을 자주 보았지?

벼슬이 높은 양반들은 행차하는 절차가 요란했는데, 보통 이런 모습이었다고 해.

먼저 길잡이가 두 손을 휘휘 내저으면서 '물럿거라!' 하고 고

래고래 소리를 지르면 뒤이어 가마나 말을 탄 지체 높은 양반네가 거들먹거리면서 거리를 지나가는 거야.

그런데 문제는 이런 사람들이 지나갈 때면 낮은 벼슬아치나 보통 사람들은 걸음을 멈추고 고개를 숙인 채 이들이 지나가기를 기다렸다가 다시 길을 걸어야 했다는 거야.

귀찮기는 하지만 참고 견딜 수밖에 없었지. 높은 양반이 지나가는데 고개를 뻣뻣이 들고 있다가는 결코 무사할 수 없었기에, 속으로는 투덜대면서도 별수 없이 고개를 숙이곤 했던 거야.

다른 거리는 그런 대로 걸을 만했는데 종로가 문제였어. 왜 그랬냐 하면, 이 거리가 임금님이 살고 있는 경복궁으로 통하는 길이었기 때문이지. 그러다 보니 종로 거리엔 하루에도 몇 번씩 높은 양반들의 행차가 이루어졌어.

그냥 걸어가던 사람이야 잠깐 고개를 숙이면 된다지만, 말이나 노새를 타고 가던 사람들은 보통 곤혹스러운 일이 아니었지.

말을 타고 가다가도 높은 양반들을 만나면 말에서 내려 고개를 숙여야 하는 것이 그 때의 법도였거든.

그 짧은 거리를 지나면서 몇 번씩이나 말에서 내렸다 올랐다 한다고 생각해 보렴. 얼마나 귀찮고 짜증이 났겠어?

그러나 길이 어디 종로뿐이던가? 이들은 점점 다른 길로 다니기 시작했지. 공자님께서는 '군자대로행(君子大路行)'이라 하여, 행실이 바르고 품위가 있는 사람은 큰길로 다녀야 한다고 했지만 그게 무슨 대수였겠어? 좁지만 편하고 빠른 길이 있는데.

그 빠르고 편한 길이란 바로 지금의 교보문고 입구 쪽에 있는 골목이었대. 많은 사람들이 종로를 피해 서서히 이 골목으로 다니기 시작했어.

"흥, 똥이 더러워서 피하지 무서워서 피하나?"

이 골목길을 택한 사람들은 대부분 이런 생각을 하고 있었을 거야.

이 길로 지나다니는 사람들이 많아지자 길거리도 번창하게 되었고, 동네 이름도 아예 '피맛골'(지금의 종로1~4가동)로 불리게 되었지.

'피할 피(避)' '말 마(馬)'에다 고을의 준말인 '골'이 합쳐져서 피마+골, 즉 피맛골이 된 거야.

피맛골엔 옛날에도 서민들이 이용하는 주막이나 음식점이 많았다고 해. 지체 낮은 관리나 일반 백성들이 이 길을 지나다가 허기를 달래기 위해 이용하던 곳이었지.

주로 자리에 앉지 않고 서서 술을 마시는 선술집과, 야채와 소뼈, 선지 같은 것들을 솥에 넣고 푹 고아 만든 해장국 같은 음식을 파는 곳이 많았다고 해. 그 전통은 지금까지 이어지고 있지. 피맛골의 일부인 청진동은 일본에까지 그 이름이 알려져 있을 정도로 해장국 골목으로 유명하거든.

청진동 해장국 골목

피맛골에서 유명한 '내외술집'

지금부터 이 피맛골이 아니면 볼 수 없었던 아주 독특한 술집 하나를 소개할까 해.

우선 이름부터 독특했는데, 그 술집을 '내외술집'이라고 했대. 내외술집을 설명하기 전에 우선 '내외(內外)'의 뜻부터 알아 둘 필요가 있어.

'내외'란 남녀, '내외하다'는 남녀를 가린다는 뜻이야. 즉, 부부가 아닌 남녀가 아주 특별한 일이 아니면 서로 얼굴을 마주하지 않는다는 뜻인데, 바로 이 내외술집이 그런 뜻에서 붙여진 이름이야.

장옷 입은 여인
혜원 신윤복의 풍속화. 장옷은 조선시대 부녀자들이 외출할 때 얼굴을 가리기 위해 사용하던 옷이다.

사실 내외를 하는 측은 양반들이야. 일반 백성들이야 내외를 가리고 어쩌고 하다가는 굶어죽기 딱 알맞았겠지? 그랬다가는 농사를 지을 수 있었겠어, 장사를 할 수 있었겠어?

내외를 하는 양반집 여자들이야 장사도, 농사도 짓지 않았으니 얼굴은 물론이고 손발까지 남의 남자에게 안 보이게 하는 것이 가능했겠지만, 입에 풀칠하기도 힘든 일반 상민들로서는 그럴 겨를이 없었을 거야.

옛날 양반집 여자들은 외출할 때면 장옷이란 것으로 얼굴을 가리고 다녔대. 그게 다 내외를 하기 위한 방법이었는데, 그것만 봐도 옛날 양반집 여자들이 얼마나 불편한 삶을 살았는지 짐작할 수 있을 거야.

사실 옛날에는 양반 노릇하기도 정말 만만치 않았다고 해.

'양반은 얼어죽어도 곁불*을 쬐지 않는다' 느니, '양반은 냉수를 마시고도 이를 쑤신다' 는 등의 속담이 있는 것만 봐도 그 고통을 짐작할 수 있지.

벼타작 단원 김홍도의 풍속화. 양반과 상민의 모습을 엿볼 수 있다.

게다가 농사 지을 땅 한 때기 없고 벼슬까지 없는 양반들조차 장사는 상놈이나 하는 것이라며 손을 내저었다고 하니, 그런 양반을 남편으로 모시고 사는 여자들이 겪었을 고통은 이루 말로 다할 수 없을 거야.

곁불 남이 피워 놓은 불.

그러나 새로운 문물이 들어오고 시대가 바뀌자 양반들의 생각도 조금씩 변하기 시작했어.

먹고살 것이 넉넉한 양반들이야 굳이 변할 이유가 없었겠지만, 목구멍에 풀칠하기조차 어려운 양반들이 변하지 않을 수 있었겠어?

그런 양반들 중에서도 특히 남편마저 없는 여자들이 시작한 것이 바로 내외술집이었던 거야. 너무 먹고살기가 힘들다 보니 장사 중에서도 가장 힘한 장사라는 술장사를 양반집 마님이 시작한 것이지.

그러나 그래도 명색이 양반인데 직접 손님에게 술상을 나를

수는 없는 노릇 아니겠어? 장사는 해야겠고, 내외는 해야겠고…….

그래서 생각해 낸 것이 바로 이 방법이었어.

일단 손님이 가게로 들어와 "이리 오너라!" 하고 소리를 지르면 방 안에서 바깥 동정을 살피고 있던 여주인이 말하는 거야.

"저쪽에 자리를 잡으라고 여쭈어라."

물론 이런 명을 받들 종업원은 없었어. 여주인의 말을 듣고 손님이 알아서 자리를 잡을 뿐이지.

주막 단원 김홍도의 풍속화. 여행중인 중년부부가 간이주막에서 요기하는 광경을 그린 것이다.

자리를 잡은 손님은 방 안을 향해 또 이렇게 소리를 쳐.

"여기 술상 좀 보내시라 여쭈어라."

그러면 잠시 후에 방문이 열리면서 술상이 슬며시 나타나고 다시 문이 닫히지.

손님이 그 술상을 끌어다가 마신 다음 "여기 술값이 얼마냐고 여쭈어라!" 하고 말하면, 주인은 방 안에 앉은 채 "서 푼이라고 여쭈어라"라고 말해.

그러면 마지막으로 손님이 돈 서 푼을 꺼내어 술상 위에 놓으면서 "잘 마셨다고 여쭈어라"라고 말하면 장사가 끝나는 거야.

손님은 술을 마실 수 있고 주인은 내외를 하면서 장사를 할 수 있는 방법이었던 거지.

지금은 '뭐 그렇게까지 할 필요가 있나?' 하고 생각할지도 모르지만, 조선시대는 너희가 살고 있는 21세기와는 너무나 다른 시대였거든.

혹시 책을 사러 교보문고에 갈 일이 있거든 꼭 피맛골에 들러 옛날의 그 모습을 상상해 보도록 해.

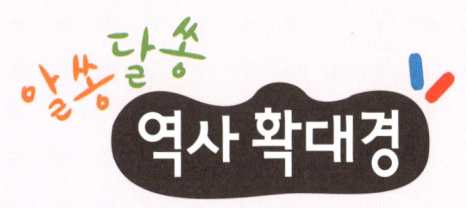

 **피맛골**

'말을 피하다'에서 유래된 피맛골은 종로통의 뒷골목입니다. 서민들이 많이 다니던 길답게 옛날부터 저렴한 가격의 음식점과 주점들이 번성하였습니다. 가격이 저렴하고 푸짐한 분위기는 아직 옛날 그대로이지만, 재개발 계획이 잡혀 있어 이제 곧 역사의 뒤안길로 사라질 처지에 놓여 있습니다.

❶ 피맛골이 시작되는 청진동 해장국 골목 ❷ 재개발이 예정되어 있으나 아직 남아 있는 피맛골
❸ 피맛골은 현재 철거 진행중 ❹ 재개발이 이루어진 양옆 건물 사이로 보존해 놓은 피맛골

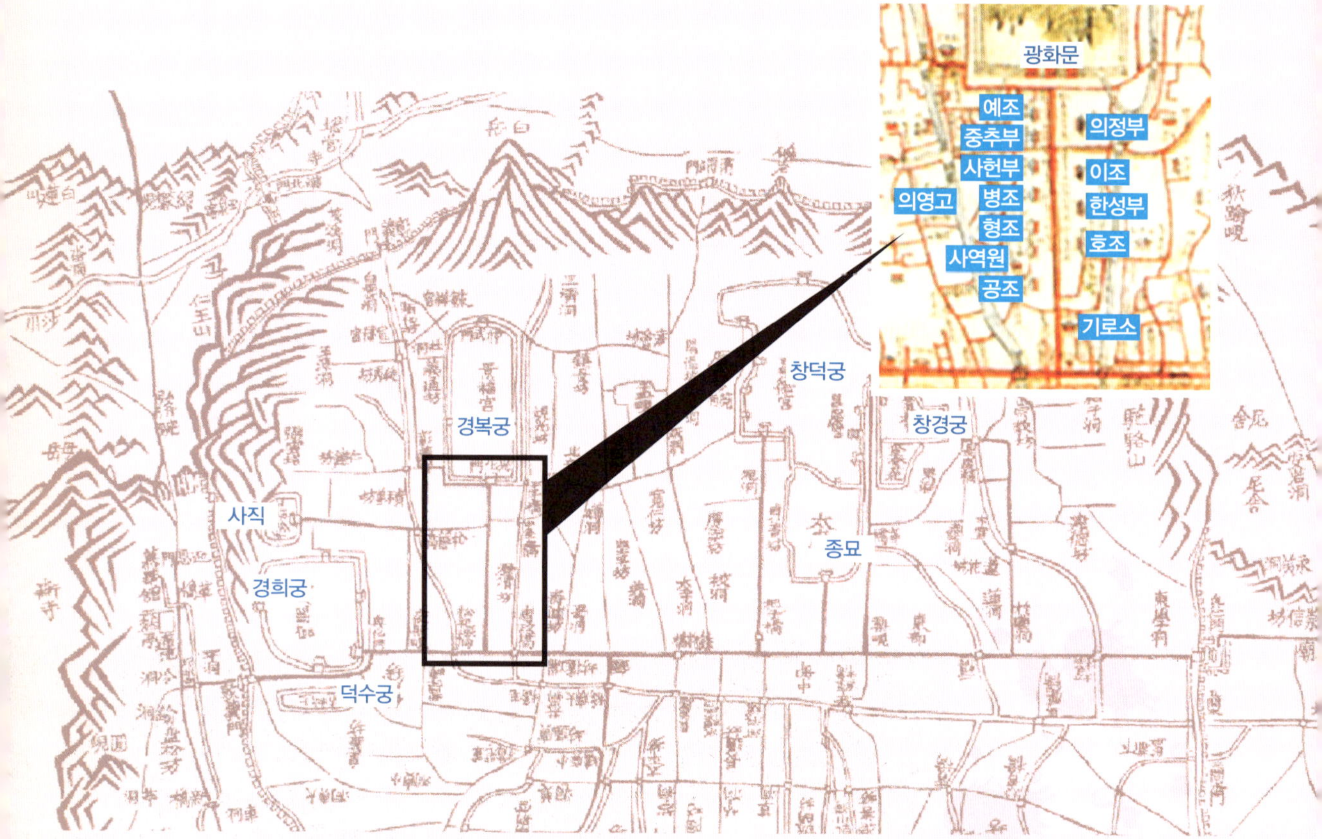

육조거리

육조거리란 광화문 앞에서 황토현(현재의 광화문 네거리)에 이르는 큰길로, 오늘날의 세종로의 전신입니다. 경복궁의 정문인 광화문 앞 좌우에 의정부를 비롯하여 6조(이조, 호조, 예조, 병조, 형조, 공조), 기타 중요 관아들을 배치하여 이 앞거리를 '육조거리'라고 불렀습니다.

광화문에서 동대문까지 연결된, 서울의 중심도로 종로

종로라는 이름은 1395년(조선 태조 3년), 종각이 세워진 것을 계기로 붙여진 이름입니다. 조선 초기에는 종로를 큰 시가지라는 뜻으로 '대시가'라고 부르다가, 세종 때는 '운종가'라고 불렀습니다. 운종가는 지금의 광화문 네거리에서 종로 4가까지를 이르던 이름입니다.

❶ 전차가 다니는 종로(1903)
❷ 구한말의 육조거리
❸ 광복 직후의 육조거리(1945)
❹ '시민열린마당' 공사중인 광화문(2008)

조선시대 최고의 장작 상인, 최순영

조선 말기, 일본이 우리나라를 침략하기 전에 서양 문물이 물밀듯이 밀려왔단다.

그 때 이르러서야 우리나라에도 전기, 철도, 자동차 등이 선을 보였고 각종 신기하고 편리한 상품들이 일본, 미국, 러시아 등을 통해 들어왔지.

그러나 이런 서양 물건들은 값이 너무 비싸서 일반 백성들에

게는 그야말로 그림의 떡일 뿐이었어. 높은 벼슬아치나 돈 많은 사람들 정도가 그 혜택을 누리고 있었을 뿐, 일반 백성들의 생활은 하나도 나아진 게 없었지.

그래도 지금과는 아주 많이 다른 시대였단다. 지금은 석유나 가스, 전기 등으로 간단하게 불을 지필 수 있지만, 그 때는 장작 외에 다른 연료가 없었어.

물론 석탄이나 석유, 전기가 아주 없었던 것은 아니지만, 아까 말했듯이 일반 백성들로서는 구하기 힘든 것들이었지.

그런데 서민들이 주로 사용하는 장작도 구하기가 쉽지 않았단다. 도성 안에는 이미 장작으로 쓸 만한 나무가 없었고, 설사 있다 하더라도 나라에서 나무를 함부로 베지 못하게 했거든.

❶ 초기의 전차 모습 ❷ 독립문 앞 땔나무 장수

그래서 장작은 주로 양주(지금의 경기도 의정부 부근)나 고양(지금의 경기도 일산 부근)에 사는 나무꾼들이 도성* 안으로 날라왔어.

그 중 고양의 나무꾼들은 구파발을 거쳐 무악재를 넘고, 서대문을 통해 도성 안으로 들어오곤 했는데, 직접 각 가정을 돌아다

도성 한 나라의 수도를 둘러싼 성곽. 조선시대에는 서울의 북악산·인왕산·남산·낙산을 연결하여 도성을 쌓았다.

니면서 나무를 팔지는 않았단다.

　지금은 석유도 있고 전기, 가스 등 다양한 연료가 있지만, 그 때는 연료라고는 장작이 고작이었으니 그 시장이 얼마나 컸겠는지 짐작할 수 있겠지?

　여하튼 도성 안으로 들어온 나무꾼들이 도매상들에게 땔나무를 넘기면, 그들이 이익을 붙여 다시 일반 가정에 되팔았던 거야.

　장작 도매상들은 고양의 나무꾼들을 상대하다 보니 대부분 서대문 근처에 자리잡고 있었다고 해.

　대표적인 장작 시장으로는 독립문 근처의 화산 시장, 서대문 로터리 강북삼성병원 근처의 서문밖 시장, 경희궁 근처에 있었던 서문안 시장이 그 규모가 크기로 유명했대.

　장작 도매상인으로서 가장 유명했던 사람은 바로 최순영이라는 사람이었어.

　이 사람은 화산 시장을 비롯해 서문안 시장, 서문밖 시장에 창고를 지어 놓고 나무꾼들에게서

숙청문(북)
창의문 (소문, 북서)
혜화문 (소문, 북동)
경복궁 근정전
흥인지문(동)
돈의문(서)
광희문 (소문, 남동)
소덕문 (소문, 남서)
숭례문(남)

서울 성곽
조선 태조 때 도성축조도감을 설치하고 한양을 방위하기 위해 성곽을 쌓았다. 석성과 토성으로 쌓은 성곽에는 4대문과 4소문을 두었다. 현재 삼청동·장충동 일대의 성벽 일부가 남아 있다.

장작을 싸게 사들여 일반 가정에는 비싸게 파는 방법으로 많은 돈을 벌었어.

'장작' 하면 '최순영'이라는 말이 나올 정도로 최순영은 장작 시장을 거의 독점하다시피하고 있었던 거야.

그러나 무슨 장사가 잘 된다는 소문이 돌면 바로 우후죽순처럼 경쟁자가 생기는 것은 옛날이나 지금이나 마찬가지였던 것 같아.

땅 짚고 헤엄치듯 쉽게 돈을 벌어들이고 있던 최순영에게도 마침내 경쟁자가 나타난 거야.

우리나라에 들어와서 무슨 장사를 하면 돈이 될까 살피고 있던 브라이상이라는 프랑스 사람의 귀에 최순영의 소문이 들어간 거지.

"흠, 장작 장사가 괜찮단 말이지? 좋아, 나도 장작 장사를 해야지."

이미 각국을 돌아다니며 상술을 익힌 바 있는 브라이상은 최순영 정도는 쉽게 무너뜨릴 수 있다고 생각했어.

브라이상은 곧 면밀한 시장 조사를 마치고 장작 장사에 나섰고, 드디어 최순영에게 도전장을 던졌지.

브라이상은 광화문 네거리 부근인, 지금의 광화문우체국 뒤쪽에 가게를 열었어.

그러나 브라이상이 장작 장사를 시작했다는 소식을 들은 최순영은 코웃음을 쳤지.

"흥, 장사가 잘 된다니까 개나 소나 다 덤벼드는군. 도전장을 보냈으니 도전을 받아 주어야겠지?"

가만히 앉아서 당하고만 있을 최순영이 아니었어.

이튿날 아침, 최순영은 돈 보따리를 들고 무악재로 향했어. 그러고는 무악재 길목을 지키고 있다가 나무꾼이 나타나면 즉시 돈을 풀어 장작을 사들였어.

"이보게들! 이제부터는 굳이 내 가게까지 오지 않아도 되네. 앞으로는 내가 이 곳에서 장작을 살 테니 그리들 알게."

"정말이십니까? 그리 해 주시면 저희야 좋죠."

나무꾼들로서는 무악재에서 십 리 거리(약 4.5km)에 있는 최순영의 가게까지 무거운 짐을 지고 가지 않아도 되었으

무악재 인왕산과 모악 사이에 놓인 고개로, 조선시대 초기에 한양을 도읍으로 정하는 데 공이 컸던 무학대사의 이름에서 연유한다. 명·청 사신들이 들어오는 길목이었다.

니, 이게 웬 떡이냐 했지.

 그러나 그것은 최순영이 나무꾼들을 위해 한 일이 아니었어. 나무꾼들이 브라이상이 진을 치고 있는 광화문까지 갈 기회를 아예 주지 않으려는 속셈이었던 거야.

 이 소식을 들은 브라이상은 자다가 뒤통수를 한 대 얻어맞은 기분이었지.

 "어쩐지 요 며칠 동안 도성 안에 나무꾼들이 코빼기도 안 보이더라니, 바로 최순영의 장난질이었구먼."

최순영을 이긴 브라이상의 양탕국

 그러나 브라이상 역시 만만한 사람이 아니었어.
 "좋아! 정 그렇게 나온다면 내게도 방법이 있지."
 브라이상은 커피를 끓여 보온병에 담아 새벽부터 최순영이 지키고 있는 길목보다 더 먼 무악재 꼭대기 부근으로 가서 자리를 잡았어.
 서서히 먼동이 터 오자 낑낑대면서 고개를 오르는 나무꾼들의 모습이 보이기 시작했어.
 "휴우~ 이보게들! 좀 쉬었다 가세."

"그러세. 뭐 급할 것도 없으니."

나무꾼들은 고갯마루에서 짐을 내리고 땀을 식혔지. 그러나 때가 겨울인지라 땀이 식으면서 곧바로 한기가 닥쳐왔어.

"으으… 추워. 자, 이제 쉴 만큼 쉬었으니 다시 출발하자고."

나무꾼들이 다시 짐을 지려 할 때, 먼 발치에서 이들을 지켜보고 있던 브라이상이 회심의 미소를 지었어.

'이제 내가 나설 때가 되었군.'

브라이상은 나무꾼들에게 다가가 말을 붙였어.

"안녕하십니까? 날씨가 꽤 춥지요?"

나무꾼들은 갑자기 나타난, 코가 크고 머리 색깔이 노란 서양 사람을 보고 의아해했어.

"저는 광화문에서 장작 도매상을 시작한 브라이상이라는 사람입니다. 아무쪼록 저희 가게를 많이 이용해 주십시오. 장작 값도 후하게 쳐 드리겠습니다."

브라이상은 나무꾼들에게 커피 한 잔씩을 대접하면서 정중하게 인사를 했어.

"아, 그래요? 저희야 돈만 많이 준다면 얼마든지 장작을 공급해 드리지요."

"자자, 추우실 텐데 이 양탕국 한 잔씩 쭉 들이켜십시오."

브라이상은 웃으면서 양탕국을 권했어.

양탕국은 바로 지금의 커피야. 지금이야 커피를 흔하게 마시지만, 당시만 해도 궁중에서나, 또는 지위 높은 양반들이 외국인들에게 선물로 받아 숨겨 두고 아껴 마시던 것이었거든.

"아니, 이 귀한 걸……"

최순영에게는 한 번도 귀한 대접을 받아 보지 못했던 나무꾼들은 브라이상에게 호감을 느꼈어. 게다가 생전 처음 맛보는 커피의 씁쌀하면서도 달콤한 맛에 매료되었어.

장작을 나르느라 피곤했던 나무꾼들의 몸이 양탕국 한 잔에

녹아내린 거야. 춥고 배고프고 피로할 때 마시는 커피 한 잔은 정말 기가 막힐 정도로 맛이 있었지.

양탕국이란 '서양' 할 때의 한자 '양(洋)' 자에, 끓여 마시는 국의 한자 '탕(湯)' 자를 붙인 이름이야.

그런 음료를 자기네 처지에서 마실 수 있으리라고 나무꾼들이 꿈엔들 생각이나 해 봤겠어?

"과연 소문대로 입에 착착 달라붙는군. 이보시오, 한 잔 더 줄 수 있겠소?"

"물론입니다. 얼마든지 드십시오."

이렇게 하여 브라이상은 나무꾼들에게 호감을 샀고, 이 소문은 나뭇꾼들 사이에 널리 퍼지기 시작했지.

그래서 고양의 나무꾼들은 그 후부터 좀 멀더라도 브라이상의 가게로 장작을 나르기 시작한 거야.

"좀 멀면 어때? 사람 대접도 받고 귀한 양탕국까지 얻어마실 수 있는데. 우리도 브라이상네 가게로 가자고."

어른들이 마시는 커피는 카페인이라는 성분이 포함되어 있어 중독성이 있는 음료야. 따라서 한번 커피 맛을 본 나무꾼들이 계속해서 브라이상을 찾은 것은 당연한 일이었겠지.

사정이 이러했으니 브라이상의 장작 가게는 나날이 번창해 갔고, 이와는 반대로 최순영의 가게는 파리만 날리게 됐어.

"흐음, 요것 봐라? 브라이상이란 놈, 만만치 않은 녀석일세. 새로운 대책을 세워야겠는걸. 이러다가는 내가 곧 망하겠어."

위기감을 느낀 최순영은 밤새 머리를 쥐어짰어.

"그래, 이거다!"

고민에 고민을 거듭하던 최순영이 드디어 자신의 무릎을 치며 눈을 반짝였어. 묘안이 떠오른 것이지.

"눈에는 눈, 양탕국엔 양탕국으로 반격하는 거야."

최순영도 커피 보온병을 메고 나서려는 것이었을까? 천만에 말씀! 최순영은 소문을 이용하기로 한 거야.

때마침 조선에서는 나라를 발칵 뒤집는 큰 사건이 벌어졌는데, 그 사건을 이용하기로 한 거지.

양탕국을 먹고 쓰러진 세자

조선의 마지막 임금은? 그래, 순종 황제야. 이 순종 황제가 임금 자리에 오르기 전 세자 시절의 일이었어. 고종과 세자는 평소에도 양탕국을 매우 즐겨 마셨다고 해.

어느 날이었어. 그 날도 두 분이 산책을 마치고 돌아와 커피를 시켰어.

고종 황제(재위 1863~1907)

"내관 있느냐? 어서 양탕국을 대령하라 일러라!"

고종의 명을 받은 내관은 궁녀에게 말해 즉시 양탕국을 끓여 올렸고, 고종과 세자는 양탕국을 놓고 마주앉아 마시기 시작했어. 그런데 고종의 표정이 영 마뜩찮아 보였어.

"흐음… 왠지 양탕국 맛이 이상하구먼. 내 입맛이 변했나?"

고종은 얼굴을 찡그리며 입에 넣었던 양탕국을 뱉어 냈어. 그러나 세자는 아무렇지도 않은 듯 잔을 다 비웠지. 그러고 나서 한 5분쯤 흘렀을까?

"아악!"

갑자기 세자가 배를 움켜쥐고 비명을 지르며 데굴데굴 구르는 게 아니겠어?

"여봐라, 빨리 어의를 들라 일러라!"

궁궐 안은 온통 벌집을 쑤셔 놓은 것 같았지. 즉시 어의가 도착하여 응급 조치를 하였고, 한바탕 소동을 벌인 끝에 세자는 무사할 수 있었어.

"무슨 병인가?"

고종이 이렇게 물었겠지.

"전하, 망극하옵니다만 양탕국에 독이 들었던 것 같습니다."

"뭐라? 짐과 세자가 마신 양탕국에 독이 들어 있었다고?"

"그렇사옵니다, 전하!"

조선 역사상 유례가 없는 사건이었지.

아무리 힘없는 임금이기로서니 임금과 세자에게 독이 든 커피를 올린 간 큰 사람이 도대체 누구였을까?

"급히 금부도사를 불러 오라!"

고종의 서릿발 같은 명령이 내려졌어.

금부도사란 지금의 검찰총장 같은 사람이야. 부랴부랴 수사에 나선 금부도사는 오랜 탐문 끝에 범인을 찾아 냈어. 범인은 다름 아닌 고종의 총애를 받은 적이 있는 김홍륙이란 자였어.

김홍륙이 감히 임금을 독살하려 한 이유는 무엇이었을까?

김홍륙은 원래 러시아 말을 통역하는 역관이었어. 중인 출신의 김홍륙은 운좋게 고종을 가까이 할 수 있는 기회를 얻었지.

김홍륙이 고종과 가까워진 이유를 설명하려면 먼저 '을미사변'이라는 사건에 대해 알아야 해.

1895년 8월 20일, 조선은 우리나라 역사상 유례가 없는 치욕적인 일을 당했단다. 한 나라의 국모인 명성황후가 일본의 낭인(깡패) 집단에게 무참하게 살해된 일이 바로 그것이지.

당시 조선 조정은 이미 스스로 나라를 이끌어 갈 힘을 잃고 있었어. 세계는 급변하고 있는데, 한때 나라를 다스렸던 대원군의 쇄국 정책과 당파 싸움으로만 세월을 보내던 관리들 탓에 나라 꼴이 말이 아니었지.

게다가 청나라, 일본, 러시아, 미국, 프랑스 등 여러 나라는 부강한 국력을 바탕으로 곳곳에 식

흥선대원군(1820~1898)

민지를 만들 때였거든.

이미 여러 나라가 호시탐탐 조선을 삼킬 궁리만 하고 있었는데, 그 중 대표적인 나라가 일본과 러시아였어.

추운 나라인 러시아는 겨울에도 얼지 않는 조선의 항구가 필요했고, 일본은 청나라나 러시아를 치기 위해서 조선 땅이 필요했지.

흥선대원군 묘 경기도 마석.

그런데 당시 대원군을 몰아내고 나라를 떡 주무르듯 하고 있던 명성황후는 일본보다 러시아에 가까운 편이었어. 그러자 일본은 명성황후를 눈엣가시처럼 여기게 되었지.

'이러다가는 조선을 러시아에게 빼앗길지도 몰라. 명성황후만 없애면 허수아비 같은 고종쯤이야 내 마음대로 다룰 수가 있는데……'

명성황후만 제거하면 제 뜻을 이룰 수 있을 것이라 생각한 일본 공사 미우라는 끝내 있을 수 없는 잔인무도한 짓을 저지르고 말았어.

'낭인'이라 불리는 일본 깡패들을 조선으로 불러들여 한밤중에 명성황후를 살해하게 했는데, 이 사건을 '을미사변'이라고 해.

치욕적인 일을 당한 조선 조정에서는 미우라를 불러 강력하게 항의했지만, 미우라는 이들을 벌주기는커녕 본국인 일본에서 재판을 받게 하겠다는 구실로 데려가 버렸어.

"미우라를 조선 법에 따라 사형시켜라!"

"일본 정부는 사과하라!"

각 지방에서 선비들이 벌떼처럼 몰려들어 항의했지만, 소용없었어. 게다가 조선 정부는 일본 정부에 대해 변변한 항의조차 하지 못했어.

고작 한 것이라고는 고종을 러시아 공사관으로 피난시킨 것뿐이었지(1896, 아관파천). 신변의 위협 때문에 임금을 궁궐에 둘 수

❶ 이범진(1852~1910)
을미사변 당시 친러파였던 이범진은 친미파였던 이완용 등과 함께 고종을 러시아 공사관으로 옮기는 데 성공했다.

❷ 이완용(1858~1926)
1905년, 일제가 한국의 외교권을 박탈하기 위해 강제로 체결한 을사조약에 찬성한 을사오적 중 한 사람. 이완용은 1910년 8월 22일 어전회의를 열어 합병안을 가결시키는 동시에 한일 양국병합 전권위원이 되어 통감 데라우치를 관사로 찾아가 합병조약을 체결하였다. 그리고 같은 달 29일 나라를 일제에 넘기고 말았다.

없다는 이유에서였어.

 한 나라의 임금이 전쟁이 일어난 것도 아닌데 궁궐을 두고 다른 나라의 공사관으로 피난을 간 것은 을미사변만큼이나 부끄러운 일이었지.

 그러나 힘없는 나라의 힘없는 임금이 그것 외에 달리 선택할 수 있는 방법은 아무것도 없었어.

 고종은 비참한 심정으로 러시아 말을 통역할 역관 김홍륙만 달랑 데리고 러시아 공사관으로 들어갔어.

 고종이 러시아 공사관에 머무는 동안 자연히 김홍륙은 고종의 손발 구실을 했는데, 러시아 말을 전혀 못하는 고종에게 김홍륙이 없었더라면 과연 어떠했을까? 식사는커녕 용변 보는 일조차 쉽지 않았을 것이 뻔해. 그러니 고종이 김홍륙을 얼마나 아꼈겠어?

양탕국으로 브라이상을 이긴 최순영

"짐에게 그대가 없었다면 어쩔 뻔했을꼬?"

김홍륙이 도움을 줄 때마다 고종은 이렇게 말하곤 했어.

그런데 겸손해야 할, 임금의 신하 김홍륙은 그렇지 않았던 모양이야.

　지금은 외교관이라면 모두가 인정하는 직업이지만, 당시에는 반쪽짜리 양반인 중인들이 역관(외교관) 노릇을 하였기에 이들의 신분은 낮은 편이었지.

　그렇지만 김홍륙은 예외였어. 그는 임금의 총애를 한몸에 받으며 막강한 권력을 휘둘렀어.

　한때 김홍륙을 통하지 않고는 나라 일이 이루어지지 않는다고 할 정도로 세도를 부렸다니 그 권세가 어떠했겠어? 고종 또한 김홍륙의 말이라면 팥으로 메주를 쑨다고 해도 믿을 정도였지.

　그러나 달도 차면 기우는 법. 보름달이 매일 보름달로만 있을 수 있겠니? 세상이 좀 잠잠해지자 고종은 러시아 공사관에서 나와 덕수궁으로 거처를 옮겼어(1897).

　고종이야 남의 집 더부살이를 하다가 제 집으로 돌아왔으니 아주 편안했겠지만, 김홍륙으로서는 갑갑한 노릇이었을 거야.

　왜냐고? 그야 덕수궁으로 돌아온 고종에게 더 이상 러시아 말을 통역할 사람이 필요하지 않았을 것이고, 따라서 그 동안 고종의 손발 노릇을 해 오던 김홍륙을 자주 찾을 필요가 없었기 때문이지.

　덕수궁으로 돌아온 후, 김홍륙도 궁궐로 따라 들어왔지만 고종은 이미 옛날의 고종이 아니었어. 김홍륙을 찾는 횟수가 점점

전망대 역할을 하던, 옛 러시아 공사관 탑

줄어들더니 어느 날부터인가는 전혀 찾지 않게 되었지.

　그뿐만이 아니었어. 한동안 간이라도 빼 줄 것처럼 살살거리던 사람들도 하나둘씩 김홍륙의 주위에서 자취를 감춰 버린 거야.

　하루아침에 날개 꺾인 새 신세로 전락해 버린 김홍륙은 그만 눈이 뒤집히고 말았어.

　'전하께서 어떻게 날 이렇게 천대할 수가 있어? 내가 그 동안 얼마나 전하를 위해 애를 썼는데…….'

고종에게 은근히 앙심을 품고 있던 김홍륙은 급기야 고종을 살해하기로 마음먹었던 거야. 이미 제정신이 아니었던 거지.

김홍륙은 고종이 평소에 양탕국을 즐겨 마신다는 사실을 알고 있었어.

어느 날, 김홍륙은 궁궐 주방에서 일하는 숙수(잔치 때나 궁궐에서 음식을 만드는 솜씨 좋은 사람) 한 사람에게 접근하여 고종이 마실 커피에 독을 넣게 하였고, 결과적으로 세자가 중독되는 일이 벌어진 거야.

순종이 오래 살지 못한 이유가 바로 이 독이 든 커피를 마셨기 때문이라는 말도 있어.

다시 장작 가게 이야기로 돌아가야겠지?

아무튼 고종 독살 미수 사건은 그 당시 장안의 화제가 되고 있었는데, 최순영은 이를 이용하여 비열한 소문을 퍼뜨리기 시작했어.

최순영은 그 동안 거래하던 한 나무꾼을 만나 넌지시 물었어.

"자네들, 요새 브라이상의 가게에 출입한다며?"

"뭐, 자주 가는 것은 아니고… 가끔 갑니다요."

"그 집에 가든, 우리 집에 오든 그거야 자네들 마음이지만, 몸 조심해야 할 걸세."

"몸조심이라뇨?"

"이런 청맹과니(보기에는 눈이 멀쩡하나 앞을 못 보는 눈) 같은 사람을 보겠나! 아니 그래, 세자께서 양탕국을 마시고 죽을 뻔했다는 소문도 듣지 못했나?"

"그, 그게 정말입니까?"

"내가 왜 더운 밥 먹고 흰소리를 하겠나? 하여간 조심하게. 자네니까 알려 주는 걸세."

이 말을 들은 나무꾼은 다른 동료들에게도 알렸지.

"이보게들, 이제 브라이상이 주는 양탕국을 마시지 말게."

"왜?"

"세자께서 양탕국을 먹고 죽을 뻔했다네."

이 소문은 몇 다리를 걸치면서 잘못 전해지기 시작했어.

"양탕국을 자주 마시면 시름시름 앓다가 죽게 된다면서?"

"서양 오랑캐들이 양탕국으로 우리 조선 사람들을 모두 죽이려 한다네."

이런 소문은 마치 발이라도 달린 듯이 순식간에 널리 퍼져나갔고, 급기야는 브라이상이 양탕국 보온병을 메고 다가오면 나무꾼들은 마치 무슨 돌림병 환자라도 만난 듯이 도망치기에 바빴어.

브라이상이 잘못된 소문이라며 항변했지만, 나무꾼들의 마음

을 돌리지는 못했어. 결국 브라이상은 두손 두발 다 들고 장작 가게 문을 닫고 말았지.

어른들이 즐겨 마시는 커피 한 잔에도 이처럼 구구절절한 사연들이 얽혀 있으니, 역사를 소중히 여기는 사람이라면 거리에 굴러다니는 돌멩이 하나라도 함부로 대하지 않아야 할 거야.

을미사변

1895년 8월 20일, 일본 공사 미우라의 지휘 아래 일본 깡패인 낭인들과 훈련대가 경복궁에 침입하여 명성황후를 시해한 사건입니다.

청일 전쟁(1894~1895)에서 승리한 일본은 청나라의 요동 반도와 타이완을 차지하게 되었습니다. 일본의 세력이 급격히 커지자 러시아는 프랑스, 독일과 함께 요동 반도를 청에 반환하도록 일본에 압력을 가했습니다(삼국간섭). 일본은 이에 굴복하고 요동 반도를 청에 반환했습니다. 일본이 삼국의 압력에 굴복하자 조선에서는 명성황후를 중심으로 일본의 세력을 막기 위해 러시아에 접근하려는 움직임이 나타났습니다. 이에 명성황후만 제거하면 모든 것이 일본의 뜻대로 이루어지리라 생각한 일본은 미우라를 조선에 파견하여 을미사변을 일으켰습니다.

❶ 옥호루는 명성황후의 침전으로, 1895년 을미사변 당시 명성황후가 일본 자객에게 시해된 역사의 현장이다.
❷ 옥호루가 있던 건청궁은 일제 때 모두 헐리고 지금은 이 표석만이 당시의 치욕을 말해 주고 있다. 경복궁 안에 있다.

미국, 독일 등에서 이 사건을 문제삼고 나오자 일본은 미우라를 본국으로 불러 재판을 받게 했답니다. 그러나 그 재판은 눈 가리고 아웅하는 식이었습니다. 미우라는 증거가 충분하지 않다는 이유로 석방되었기 때문입니다. 명성황후의 죽음은 결국 일본이 조선을 제 손아귀에 넣고 마음대로 할 수 있는 계기가 되었습니다.

장충단은 을미사변 당시 일본인을 물리치다 사망한 홍계훈, 이경직 등 여러 신하들의 혼을 위로하기 위해 세운 제단이다.

 아관파천

을미사변이 일어나자 고종은 신변에 위협을 느끼게 되었습니다. 이에 친러파인 이범진은 러시아 공사 베베르, 당시 친미파였던 이완용 등과 모의하여 1896년 2월 11일 새벽, 고종을 러시아 공사관으로 옮기는 데 성공했습니다. 이를 아관(러시아 공사관)파천(임금이 도성을 떠나 난을 피함)이라고 합니다. 이로 인해 친일 정권이 무너지고 친미, 친러파 인물들로 내각이 구성되었으며, 갑

❶ 아관파천 당시의 러시아 공사관으로, 2층 왼쪽에 고종 황제가 서 있다.
❷ 러시아 공사관 앞에서 고종 황제를 협박하는 일본군.

오·을미 개혁은 중단되었습니다.

고종은 1897년 2월 20일, 1년 만에 덕수궁으로 환궁했습니다.

 ## 서울 성곽

서울 성곽은 조선 조의 도읍지 한양을 둘러싸고 있던 도성으로, 북악산·낙산·남산·인산과 연결되어 있습니다. 도성 북쪽에 우뚝 솟은 북악산은 서울 성곽이 지나는 네 산 가운데 주인 되는 산으로, 조선 왕조가 개국하면서 정궁인 경복궁의 주산으로 삼았습니다. 그리고 네 개의 산 능선의 조금 낮아진 곳에 4대문과 4소문을 만들어 외부와의 교통로로 삼았습니다.

❶ 광화문에서 바라본 북악산 ❷ 인왕산 ❸ 남산 ❹ 낙산의 서울 성곽

동서남북의 4대문은 무엇일까?

조선은 경복궁을 중심으로 성곽을 쌓고 큰 성문 4개를 두었어. 남쪽에는 숭례문(남대문), 북쪽에는 숙청문(북대문), 서쪽에는 돈의문(서대문), 동쪽에는 흥인지문(동대문)을 세운 거야.

지금은 4개의 성문 중 3개만 남아 있어. 돈의문(서대문)이 일제 강점기 때 그만 헐리고 말았거든. 도로 공사에 방해가 된다는 이유로 말이야.

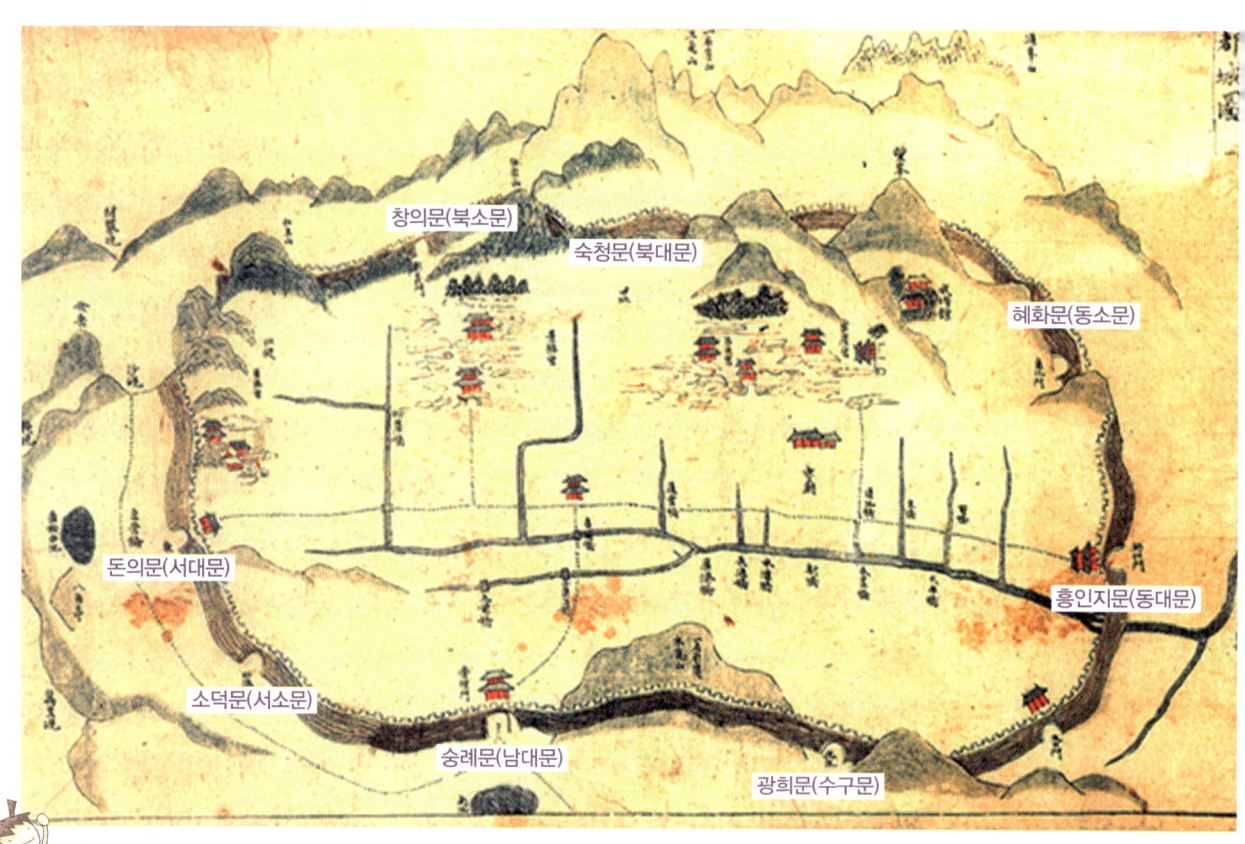

큰 성문(대문) 외에 작은 성문(소문)도 4개가 있었어. 이를 4소문이라 하는데, 4소문 중 지금까지 유일하게 남아 있는 것은 광희문뿐이야. 동대문운동장에서 신당동 쪽으로 가다 보면 오른쪽에 버티고 있지.

광희문은 다른 이름도 가지고 있는데, '시구문' 또는 '수구문'이라는 이름이 바로 그것들이야. 시구문이란 '시체가 나가는 문'이라는 뜻이야.

무슨 까닭에서였는지는 모르겠지만, 옛날에는 성 안에서 죽은 사람을 성 밖으로 내보낼 때 반드시 이 광희문이나 소덕문(서소문)을 거치도록 했어.

그래서 사람들은 이 광희문을 '시체가 나가는 문'이란 뜻으로 시구문이라고 불렀던 거야.

시체가 나가는 문, 시구문

조선 말기 대한제국 시대인 고종 황제 때였어. 그 때 서울에선 무서운 돌림병(전염병)이 돌고 있었는데, 돌림병 중에서도 가장 무섭다는 콜레라가 서울 도성 안을 휩쓸고 있었던 거야.

요즘에는 예방약과 치료약이 많아서 전염병으로 그리 큰 피해를 입지 않지만, 옛날에는 돌림병이 한번 돌았다 하면 온 동네, 온 나라가 쑥대밭이 되었거든.

치료약이 없으니 병에 걸렸다 하면 그대로 죽을 수밖에 없었지. 예방약이 없어서 주위 사람들에게 바로 전염이 되었기 때문이야.

그래서 돌림병 환자가 생기면 가족들은 이미 죽은 목숨이라 여기고, 외딴 곳에 '피막' 이라는 움막을 지어 놓고는 환자를 그

곳에 버려 두었어. 스스로 숨이 끊어질 때까지 말이야. 집에 그냥 두었다가는 온 가족은 물론, 마을 사람들까지 전염될까 두려웠기 때문이야.

비정한 방법이긴 했지만, 그렇게라도 하지 않으면 삽시간에 온 나라 사람이 전염되고 말 테니 어쩔 수 없는 일이었어.

그런데 대한제국 시절에 콜레라에 걸린 사람들이 워낙 많아서 피막을 지어 환자들을 버려 두기도 어려웠대. 그래서 가족들은 환자를 밤에 몰래 시구문 밖에 버렸대.

미국인 선교사 스크랜튼 부인은 자신의 집에서 1명의 여학생을 데리고 1886년 5월 31일부터 글을 가르치기 시작함으로써 이화여대의 전신인 이화학당이 문을 열게 되었다.

아무튼 시구문 밖에는 참으로 처참한 광경이 펼쳐지고 있었어. 한번 상상해 봐. 이미 죽은 사람, 아직 목숨이 붙은 채 신음하고 있는 사람, 시체 썩는 냄새, 까마귀 떼들……. 거의 지옥의 모습이나 다름없었을 거야.

어느 날 밤이었어. 누군가가 이 아수라장 같은 시구문 주위를 돌아다니는 게 아니겠어!

그 사람은 두 눈만 내놓은 채 온 몸을 천으로 감고 시체 사이를 헤집고 다녔는데, 도대체 그 까닭은 무엇이고 그 사람은 과연 누구였을까?

주인공은 다름 아닌, 조선 땅에 기독교를 전파하던 미국인 선교사 스크랜튼 부인이었어.

콜레라가 돌아 시구문 밖에 산 사람까지 버린다는 안타까운 소식을 듣고, 혹시라도 살릴 수 있는 사람이 없을까 하여 이 곳을 찾았던 거지.

스크랜튼 부인은 수많은 환자들 중에서 살아날 가망이 있는 어린 환자를 찾아내 치료했다는 기록이 있어.

스크랜튼 부인은 이미 우리나라에 와서 많은 일을 하고 있던 분이었어. 그녀는 특히 사람 대접을 받지 못하고 있던 조선 여성들을 위해 많은 일을 했어. 이화여자대학교도 바로 이 분이 세운 학교야.

"여자가 학교는 무슨 얼어죽을 학교야? 여자란 모름지기 집안 일만 해야지, 밖으로 나돌게 해서는 안 돼!"

많은 조선의 남자들이 여자에 대해 이렇게 생각하고 있었어. 그런데 여자들이라고 해서 남자들과 크게 다르지 않았지.

"망측하기도 하지. 신식 학교에서는 여자들도 팔다리를 드러내 놓고 뜀뛰기를 한다면서요? 아이고, 우리 아이는 그런 데 못 보내요! 그러다 시집 못 가면 누가 책임진데요?"

"더구나 제사도 못 지내게 하면서 서양 귀신(예수)만 믿으라고 강요하는 사람이 세운 학교에 딸을 어떻게 보내요?"

어쨌거나 부인이 시구문 밖에서 데려온 어린 환자들이 모두 살아났는지 어쨌는지는 밝혀지지 않았어.

그러나 그 환자들 사이에서 스크랜튼 부인의 눈에 띄어 구출된 한 여자 아이가 있었는데, 나중에 이 학교에 입학했다는 기록은 남아 있어. 그것도 학교가 생긴 이래 3번째 학생으로 말이야.

광희문이 시구문으로 불리게 된 이유를 설명하다 보니 이야기가 너무 길어졌지?

초기의 이화학당의 모습으로, 이화학당이란 이름은 명성황후에 의해 붙여졌다.

고대수를 아시나요?

이야기는 다시 몇 년 전으로 거슬러 올라가서, 1884년 겨울 어느 날이었어.

쉬잉~!

서울의 가장 번화한 거리인 종로 거리에 세찬 눈보라가 휘몰아치고 있었어.

보통 때 같으면 인적이 드물 아침나절에, 그것도 뼛속까지 파

고드는 매서운 추위에도 불구하고 종로에는 수많은 사람들이 꾸역꾸역 모여들고 있었어.

얼마 지나지 않아 이 거리는 발 디딜 틈조차 없을 정도로 많은 사람들로 인산인해를 이루었지.

허연 입김들을 내뿜으면서, 언 발을 동동 구르면서까지 사람들이 이 곳에 모인 이유는 무엇일까?

"언제 나온대?"

"글쎄? 아침나절에 나온다고 했으니, 이제 곧 나오겠지."

무엇이 나온다는 말일까? 잠시 후, 사람들이 소리치기 시작했어.

"저, 저기 고대수가 나타났다!"

누군가의 말에 사람들의 시선이 일제히 한쪽으로 모아졌어.

먼저 긴 창과 칼로 무장한 포졸들이 나타났고, 이어 '대역죄인'이라는 글이 적힌 칼*을 쓴, 덩치 큰 여자가 온 몸을 꽁꽁 묶인 채 터벅터벅 따라오고 있었지.

"저 못된 여자를 당장 죽여라!"

군중들이 일제히 입을 모아 소리치기 시작했어. 심지어 어떤 사람들은 포졸들이 한눈을 파는 틈을 이용해서 죄인의 머리카락을 쥐어뜯거나 얼굴을 할퀴기까지 했지.

그러나 죄인은 두 눈을 꼭 감고, 모든 것을 체념한 듯 아무런 반항도 하지 않았어. 자신이 곧 사형에 처해질 것을 잘 알고 있었기 때문이야.

그러나 아무리 나쁜 죄를 지었기로서니 군중들이 사형장으로 향하는 죄인을 동정하기는커녕 욕을 퍼붓고, 해코지까지 한 이유는 무엇일까? 바로 그녀가 대역죄인이기 때문이었어.

그 당시에는 임금을 해치거나 나라를 바꾸려 한 행위를 대역죄라 하여 가장 큰 죄로 여겼지.

칼 옛날에 중죄인에게 씌우던 형틀의 한 가지.

그렇다면 도대체 이 여자는 누구이며, 어떤 대역죄를 저지른 것일까?

이 여자의 이름은 고대수. 키는 무려 7척(약 212cm)이나 되었고, 얼굴 생김새는 흉측하기 이를 데 없었어.

고대수는 태어날 때부터 몸집이 크고 얼굴이 못생겼다고 해. 옛날에는 이런 모습을 한 아이가 태어나면 장차 커서 나라에 해를 끼칠 거라 하여 굶겨 죽이는 아주 나쁜 관습이 있었대.

고대수가 태어나자 이웃 사람들은 흉물이 태어났다며 관가에 고발했어.

"나리, 이웃에 아주 흉측한 아이가 태어났습니다."

"그것 참 큰일이군. 여봐라! 빨리 가서 그 아이를 데려오너라!"

"예이!"

포졸들이 갓 태어난 고대수를 포대기에 싸서 데려왔어.

"과연 흉물이로구나. 이 아이의 점부터 쳐 보도록 하라."

고을 원님은 아기의 점괘를 보도록 점쟁이에게 일렀어.

왜냐하면 흉물스런 아이라고 해서 무조건 죽인 것은 아니고, 먼저 아기의 점괘를 보고 생사를 결정했다고 해.

"나리, 다행이옵니다! 아기의 점괘가 좋게 나왔습니다. 오히려 궁궐에서 이 아이를 키우면 나라의 운이 좋아진다는 점괘가 나왔습니다."

"그것 참 다행이구먼. 그럼 이 아이를 궁궐로 보내도록 하라!"

이렇게 해서 고대수는 구사일생으로 목숨을 건졌고, 궁궐로 보내지게 된 거야.

세월이 지나 어느 정도 나이가 들자 아기의 이름을 '고대수'라 지었고, 고대수는 궁궐에서 궁녀들의 시중을 드는 무수리로 일하게 되었지.

그러나 궁궐에는 어느 누구 하나 고대수를 따뜻하게 대해 주는 사람이 없었어. 너무나 흉측하게 생긴 모습 때문이었지. 같은 신분의 무수리들조차 고대수와 눈을 마주치기 싫어했어.

주위 사람들로부터 따돌림만 받으며 자란 고대수는 어느덧 점점 세상을 원망하게 되었고, 성격도 비뚤어져 갔어. 얼굴도 흉측한 데다 성격까지 괴팍해지자 주위 사람들은 더더욱 고대수를 싫어하게 되었지.

하지만 다행히도 외톨이 고대수를 이해해 주고 따뜻하게 대해 준 한 사람이 있었으니, 그는 다름 아닌 개혁파의 선도자였던 김옥균이야. 김옥균은 궁궐에 들를 때마다 고대수에게 다정하게 말을 걸어 주었어.

김옥균(1851~1894) 조선 말기의 정치가, 개화운동가. 갑신정변의 주역.

"용기 잃지 말고 꿋꿋하게 살아가도록 해라. 사람이란 누구나 다 평등한 거란다."

고대수는 김옥균이 너무 고마웠어. 그래서 그의 말이라면 팥으로 메주를 쑨다고 해도 믿을 정도가 되었고, 그를 위해서라면 화약을 품고 불 속에라도 뛰어들 정도가 되었지.

은혜를 갚은 고대수

김옥균은 일찍이 서양 문물을 받아들인 선구자로서, 조선이 청나라 등의 외세로부터 벗어나려면 하루 빨리 나라의 정치와 사회 제도를 새롭게 바꾸어야 한다고 굳게 믿고 있었던 사람이야.

그리고 생각에만 그치지 않고 이러한 뜻을 고종에게 몇 번이나 건의했지만, 세상이 변하는 것을 두려워하던 수구파*들의 반대로 그 뜻을 이루지 못하고 있었어.

아니, 뜻을 이루기는커녕 오히려 고종을 둘러싸고 있던 수구파들의 위협을 받기에까지 이르렀지.

이렇게 되자 개혁파*인 김옥균은 임금과 몇몇 양반들만을 위한 이 나라를 변화시키기 위한 길은 혁명뿐이라는 신념을 가지

수구파 새로운 것과 변화를 거부하고, 옛 제도나 풍습을 그대로 지키고 따르려는 무리.

개혁파 정치와 사회 제도 등을 새롭게 개혁할 것을 주장하는 무리.

게 되었어.

 그리고 그 혁명을 성공적으로 이루기 위해서는 우선 반대파인 수구파들과 고종을 분리시켜야 한다고 생각했어. 고종 임금이 수구파들에게 둘러싸여 그들의 눈치만 보고 있었기 때문이지.

 '어떤 방법으로 수구파들을 제거할 것인가?'

 김옥균은 고민에 고민을 거듭한 끝에 한 계책을 생각해 냈어. 그러고는 그 계책을 위해 궁궐에서 지내고 있는 고대수를 이용하기로 마음먹은 거야.

 이제나 저제나 은혜를 갚을 날만 기다리고 있던 고대수는 김옥균이 부탁을 해 오자 기꺼이 받아들였지.

 고대수가 맡은 일은 매우 위험한 일이었어. 그것은 고종의 침실 부근에 폭약을 설치하고 때에 맞추어서 폭발시키는 일이었어.

 고종이 잠든 틈을 이용하여 큰 폭발음을 울리게 하여 놀라게 한 다음, 근처에 있던 김옥균이 침실로 뛰어들어가서 고종을 다른 궁으로 옮기게 하려는 계략이었지.

 임금의 침실 부근에 폭약을 설치한다는 것은 목숨을 걸고 해야 하는 일이었어. 그러나 고대수는 이 세상에서 유일하게 자신을 따뜻하게 대해 준 김옥균을 위해 덥석 그 부탁을 받아들였던 거야.

1884년 12월 4일, 고종이 곤히 잠든 한밤중에 갑자기 궁궐 안에서 꽝! 하는 폭발음이 울렸어.

순식간에 궁궐 안은 아수라장이 되었고, 소란에 놀라 잠에서 깬 고종이 소리를 쳤지.

"게 아무도 없느냐? 무슨 일인지 알아보아라!"

폭약이 터지기만을 기다리고 있던 김옥균은 재빨리 고종의 침실 앞으로 다가가서 말했어.

"전하! 신, 김옥균이옵니다. 지금 청나라 군사들이 수구파들의 꾐에 빠져 전하를 해하기 위해 궁궐로 난입했다고 하옵니다. 어서 경우궁으로 피해야 하옵니다."

자다가 일어난 임금에게 무슨 경황이 있었겠어? 옷을 입는 둥 마는 둥하고 김옥균을 따를 수밖에. 김옥균은 고대수의 도움으로 계획대로 고종을 경우궁으로 옮길 수 있었지.

"전하! 이제 전하께서 믿을 사람은 저밖에 없습니다."

"알겠소. 그대가 총리대신을 맡아 이 나라를 이끌어가도록 하시오."

"성은이 망극하옵니다."

이렇게 해서 김옥균은 그 기회를 이용하여 수구파들을 처단하고 정권을 잡게 되었어.

그러나 김옥균의 정권은 '3일 천하'로 끝나고 말았어. 그가 채

뜻을 펴기도 전인 3일 후, 겨우 살아남은 수구파들의 요청을 받은 청나라 군사들에 의해 김옥균은 쫓기는 신세가 되고 말았기 때문이야. 결국 김옥균은 한밤중에 몰래 배를 타고 일본으로 망명할 수밖에 없었어.

하지만 고대수는 미처 몸을 피할 겨를이 없었어. 아니, 피할 생각도 하지 않고 있었지. 이미 죽을 각오를 하고 일을 벌였기 때

문이야. 그녀는 곧 관군에게 체포되었고, 임금을 해치려 한 죄와 김옥균을 도운 죄까지 더해져 대역죄인으로 사형 언도를 받게 된 것이지.

종로의 '서린옥'이라는 감옥에 갇혀 있던 고대수가 처형장인 광희문 밖으로 향하는 날이 바로 그 날이었어.

수많은 사람들이 종로 거리를 가득 메운 이유는 바로 그녀가 처형되는 모습을 보기 위해서였던 거지.

고대수는 동정어린 눈길 한번 받지 못하고 터벅터벅 처형장인 광희문을 향해 끌려갔어.

얼마를 걸었을까? 드디어 그녀가 광희문에 도착했을 때였어.

와! 하는 군중들의 외침이 들려왔어.

이미 광희문 성벽에는 사람들이 마치 개미떼처럼 다닥다닥 올라와 있었어. 그들의 손에는 주먹만한 돌멩이가 하나씩 쥐어져 있었고.

누군가가 큰 소리로 외쳤어.

"저 여자를 죽여라!"

이 소리가 끝나기 무섭게 돌멩이가 마치 소나기처럼 고대수를 향해 날아들기 시작했어. 놀란 포졸들이 황급히 말려 보았지만 소용이 없었어. 무자비한 돌멩이 세례를 견디다 못한 고대수는 결국 썩은 나뭇등걸 쓰러지듯이 무너지고 말았어.

그러나 돌멩이는 멈출 줄 모르고 계속 날아들었어. 이미 쓰러져 목숨을 잃은 고대수의 몸 위로 계속 날아들어 돌무덤이 생길 정도로 말이야.

세상에 이보다 더 잔인한 일이 또 있을까?

사람들이 가지고 있는 나쁜 습성은 흔히 군중 심리에 의해 나타나곤 하는데, 바로 이 날의 군중들이 그랬던 것 같아.

군중 심리란 참으로 무서운 거야. 한번 휩쓸리기 시작하면 곧 사람들의 이성을 빼앗곤 하니까.

모르긴 해도 고대수를 향해 돌을 던졌던 사람들은 훗날 틀림없이 자신의 무분별한 행동을 후회했을 거야.

갑신정변

1884년 12월 4일, 김옥균·서광범·박영효·홍영식·서재필 등의 개화당이 조선의 정치를 개혁하기 위해 일으킨 혁명입니다.

1882년에 일어난 임오군란(일본식 군대 제도의 도입과 민씨 정권에 반항하여 구식 군대가 일으킨 군란)을 계기로 당시 조선에서는 개화당이 명성황후 세력인 수구파와 사사건건 대립하였습니다. 개화당은 일본의 발전된 모습을 보고 우리나라도 개혁을 추진하여 근대 국가를 이룩해야 한다고 생각했습니다. 마침 홍영식이 우정국 총판으로 임명되자, 이들은 우정국의 개국 축하연을 이용하여 정변을 일으켰습니다. 개화당은 새 정부를 구성하고 개혁 정치를 추진하였으나 청국의 개입으로 3일 만에 실패로 끝나고 말았습니다.

❶ 갑신정변의 주역들
❷ 서재필과 독립신문
❸ 조선 말기 우체 업무를 담당하던 관청인 우정총국

4대문·4소문

숭례문(남대문) 숭례문은 조선 왕조 도성의 정문으로, 서울 성곽 여덟 개 문 가운데 가장 웅장하고 규모가 커 도성의 얼굴 역할을 하였습니다. 숭례문의 현판은 다른 도성문과는 달리 가로가 아닌 세로로 되어 있습니다.

흥인문·흥인지문(동대문) 성문 중에서 유일하게 성 밖으로 옹성을 쌓았습니다. 이 일대가 도성 내에서 가장 낮은 지역이라 땅의 기운을 돋우기 위해 고종 때 다시 지으면서 '지(之)' 자를 보강하여 '흥인지문'이라고 하였다고 합니다.

❶ 국보 1호 숭례문 ❷ 보물 1호 흥인지문

돈의문(서대문) 1915년에 전차 궤도 복선화 때문에 철거되었습니다. 1895년 8월 20일, 일제에 의해 명성황후가 시해되는 을미사변이 있었는데, 이 날 새벽 일제 낭인들은 공덕리 아소정에서 숨어서 이동한 흥선대원군과 이 돈의문 앞에서 만나 합류하여 파루 종이 울리고 대문이 열리자 곧바로 경복궁을 침범하였습니다.

숙청문·숙정문(북문, 북대문) 태종 13년(1413) 이래 경복궁의 좌청룡 지맥을 보존하여야 한다는 풍수지리사상에 의해 문이 닫혀 있어야 했습니다. 문이 열리는 때는 주로 가뭄이 들

어 기우제를 행하는 시기뿐이었습니다.

창의문 · 장의문(자하문, 북소문) 실질적인 도성의 북문 역할을 한 문입니다. 광해군 14년(1623) 3월 12일 밤, 홍제원에 집결한 인조반정군은 세검정을 거쳐 이 창의문을 통하여 창덕궁을 장악함으로써 인조 정권을 만들었습니다.

홍화문 · 혜화문(동소문) 도성의 동북쪽에 위치하여 함경도 등 북방과 직결되는 관문 구실을 하였습니다. 성종 때 창경궁을 조성하면서 그 정문을 홍화문이라 하여 혼동을 일으키자, 중종 때 혜화문으로 고쳐불렀습니다.

소덕문 · 소의문(서소문) 도성의 서남쪽에 위치하여 강화, 인천 방향과 서북방으로 직결되는 관문 구실을 하였습니다. 1914년경 도로 확장으로 철거된 것으로 보입니다. 소의문은 도성 안 백성들이 세상을 떠나 서쪽 방향으로 운구할 때 이용되는 문이었습니다.

광희문(수구문, 실질적인 도성의 남소문) 도성 내의 장례 행렬이 동쪽으로 지날 때 통과하는 문이었습니다. 광희문은 실질적인 도성의 남소문 역할을 하였습니다. 8개의 성문에 해당되지 않는 남소문은 남산과 광희문 중간에 새로 개설된 소문으로, 일제 때 철거된 것으로 보입니다.

❶ 철거 전의 돈의문 ❷ 철거 전의 소덕문

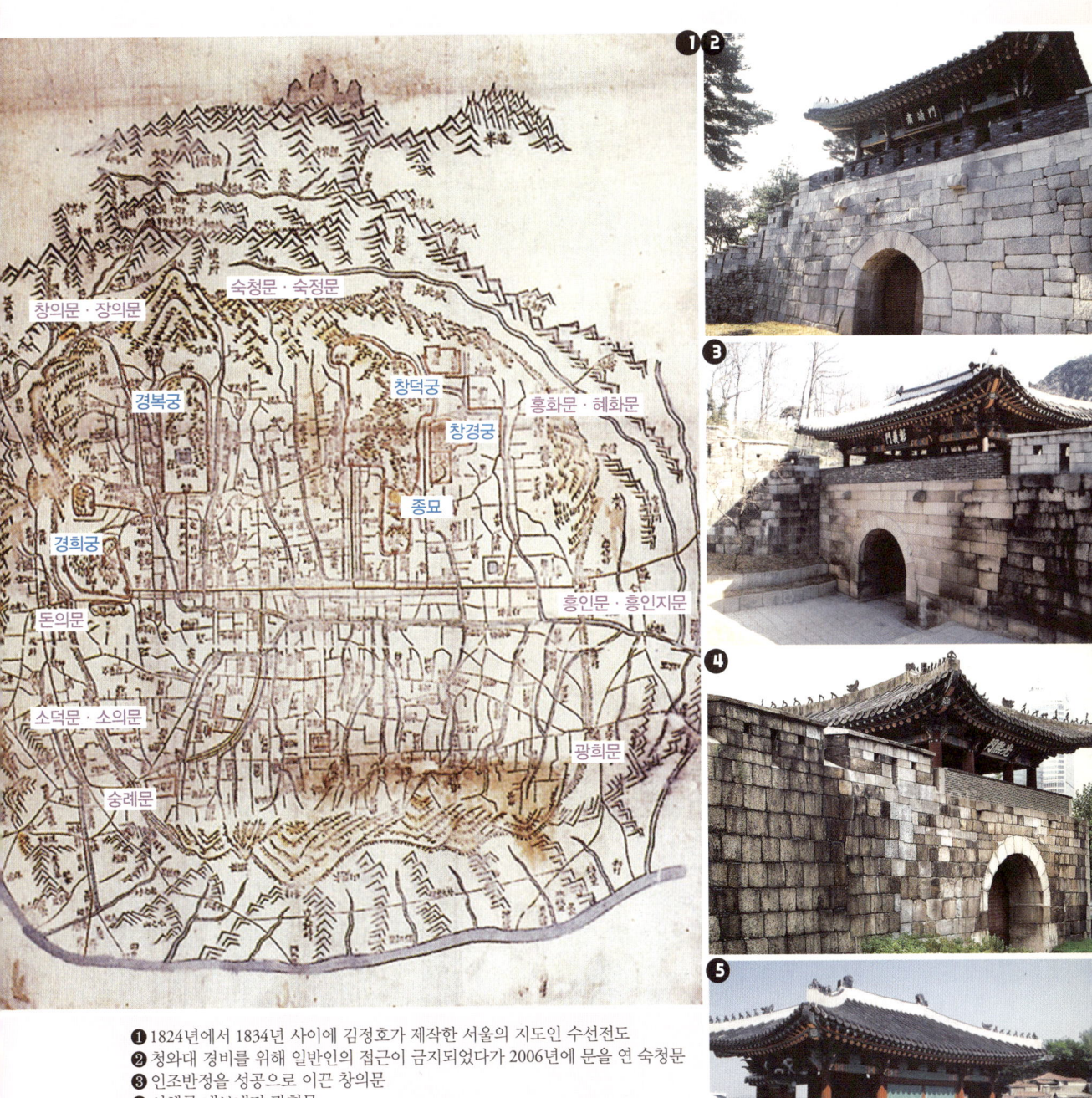

❶ 1824년에서 1834년 사이에 김정호가 제작한 서울의 지도인 수선전도
❷ 청와대 경비를 위해 일반인의 접근이 금지되었다가 2006년에 문을 연 숙청문
❸ 인조반정을 성공으로 이끈 창의문
❹ 시체를 내보내던 광희문
❺ 양주·포천으로 통하는 혜화문

세조의 용맹한 신하, 남이 장군

서울 종로 5가에서 대학로 방향으로 가다가 대학로 입구에서 왼쪽을 보면 '산업디자인진흥원'이라는 제법 큰 건물이 보여. 이 건물 뒤쪽 좁은 골목으로 들어서면 조그마한 사당이 하나 나타나는데, 바로 조선 세조 때의 명장, 남이 (1441~1468) 장군을 모신 곳이야.

원래 이 곳은 남이 장군이 살던 집터였으나 그가 죽은 후, 그의 원혼을 달래기 위한 사당으로 변했다고 해.

남이 장군은 무신으로서 능력이 매우 뛰어나 17세 때 무과에 장원으로 합격하였고, 27세에 이미 지금의 국방부 장관이라 할 수 있는 병조판서 자리에 올랐어. 그러나 또한 그 해에 주위의 모함으로 목숨을 잃은 비운의 인물이기도 하지.

남이는 어릴 때부터 몸집이 크고 단단했으며 활쏘기와 칼쓰기에도 능했다고 해. 남이의 외할아버지가 세조 임금이었는데, 세조는 무신으로서의 자질이 특출한 외손자 남이를 굉장히 아꼈다고 해. 세조는 남이가 무신을 뽑는 과거 시험에 합격하자 누구보

다도 기뻐했지.

　세조는 남이에게 권람의 딸과 결혼하도록 주선하기도 했어. 권람은 세조가 임금이 되기 전부터 가깝게 지내면서 친구인 한명회와 모의하여 단종을 몰아내고 세조를 임금으로 만드는 데 큰 공을 세운 사람이야.

남이 장군(1441~1468) 묘 경기도 화성시 비봉면.

　이런 든든한 배경을 가졌던 탓일까? 남이는 과거에 급제하자마자 중요한 직책을 맡았어. 그러나 실력이 없으면 배경이란 아무 소용이 없는 법. 남이는 여러 모로 갖출 것은 다 갖추고 있었어.

　부하들을 통솔하는 리더십이 뛰어났고, 전쟁터에서는 필승의 전략과 용맹성으로 상대를 간단하게 물리치곤 했지.

　남이는 외할아버지인 세조를 위해 많은 공을 세웠는데, 그 중에서도 '이시애의 난'을 진압한 것이 대표적인 공이었어.

　이시애의 난이란, 함길도 변방을 지키고 있던 이시애라는 장수가 세조가 조카인 단종 임금을 몰아내고 임금이 된 것을 못마땅하게 여기어 일으킨 난을 말해.

　세조는 등극하자마자 왕권을 강화하기 위해 한양에서 관리를 뽑아 함길도 지방 관리로 파견했어. 그 전까지는 그 지방에서 힘을 쓰는 세력에게 관리를 맡겼으나, 이들이 한양과 거리가 멀다는 이유로 조정의 말을 잘 듣지 않았기 때문에 한양에서 관리를 뽑아 파견한 거야.

이에 불만을 품은 이시애는 1467년 5월, 함길도 절도사로 내려온 강효문을 죽이고 여진족과 더불어 반란을 일으켰어.

이시애는 자신을 왕으로 칭하고 곧 함길도 일대를 주름잡으며 조선 조정을 위협할 만큼 세력을 넓혀 가고 있었어.

"어서 가서 이시애를 물리치고 돌아오라!"

남이는 세조의 명을 받들어 즉시 군사들을 이끌고 함길도로 갔어.

이시애는 남이의 상대가 되지 못했지. 용맹성은 고사하고 전략에서부터 남이를 따르지 못했거든. 남이의 군사에 쫓기던 이시애는 결국 남이에게 포섭된 자기 부하에 의해 목숨을 잃고 말았어.

이시애를 눈엣가시처럼 여기던 세조가 얼마나 기뻐했을지는 상상이 가고도 남을 일이지. 세조는 얼마 후 스무 살 중반의 남이에게 병조판서라는 어마어마한 벼슬을 내렸어.

아주 젊은 나이에 병조판서가 된 남이에게는 이제 거칠 것이 없었어. 그는 마치 멧돼지가 그러하듯 앞만 보고 달려갔지. 자기가 옳다고 생각하면 누가 말리든 상관없이 자기 뜻대로 일을 처리했어.

다행히도 그가 추진한 일들은 거의 성공을 거두었지만, 그만큼 주위로부터 시기를 받을 수밖에 없었어.

벼도 알이 여물면 고개를 숙이는 법이라고 했는데, 불행히도 남이는 그러질 못했어. 너무 안하무인격으로 일을 처리하다 보니 남이를 시기하는 사람들이 많아졌거든.

"남이는 너무 잘난 체하는 것 같아."

"누가 아니래? 주는 것 없이 괜히 밉단 말이야."

이런 말이 신하들 사이에서 돌곤 했어.

남이를 못마땅하게 여겼던 사람들 중 대표적인 사람은 다름 아닌 세자였어.

후에 예종 임금이 된 세자는 남이를 뱀 보듯 아주 싫어했어. 혹시라도 자신의 자리를 넘보지 않을까 두려웠던 거야. 게다가 세조 임금마저 말끝마다 '우리 남이, 우리 남이' 하고 있었으니 속이 편치 않았겠지.

세자에게 아부를 일삼던 간신 유자광 또한 남이를 노리고 있었어. 그러던 중에 세조가 죽고 예종이 임금이 되었지만 남이의 성격은 여전했지.

그러자 남이를 노리고 있던 사람들, 특히 유자광 같은 이는 슬며시 남이를 제거하기 위한 행동을 개시했어.

유자광은 남이의 일거수일투족을 하나도 빠뜨리지 않고 예종에게 보고했어. 그러나 워낙 대쪽 같은 성격의 남이에게 꼬투리가 될 만한 내용은 없었지.

음모에 휘말려 사형을 당하다

그러나 해코지를 하고자 하는 사람에게는 못 당하는 법이지.
마침내 유자광은 남이를 제거할 꼬투리를 잡았어. 남이의 시구 하나가 문제가 된 거야.
남이는 보통의 무신들과는 달리 평소에도 시 읊기를 아주 좋아했어. 하루는 남이가 궁궐 안에서 밤을 지새우게 되었는데, 한밤중에 바람을 쐬러 밖에 나왔다가 별똥별을 보게 되었어. 남이는 그 별똥별을 보자 곧 시상이 떠올라 시 한 수를 지어 읊었지.

혜성(별똥별)은 묵은 것을 없애고
새로운 것을 베푸는 현상이라…….

마침 남이의 곁에 있던 유자광은 드디어 꼬투리를 잡았다는 듯 쪼르르 예종에게 달려가 모함을 했어. 예종은 유자광의 말이라면 콩을 팥이라 해도 믿을 정도로 가깝게 지냈거든.

"어쩐 일로 이리 급히 오셨소?"

"전하! 망극하옵니다만, 입에 담기조차 민망한 일이 생겼사옵니다."

"어서 말해 보시오!"

"남이가 역모를 꾀하고 있는 듯하옵니다. 그가 이러이러한 시를 읊었는데, 전하를 묵은 것이라고 표현하며 전하를 없애고 자기가 새로운 임금이 되겠다는 뜻이 아니고 무엇이겠습니까?"

"이런 괘씸한 놈! 내 이미 남이 놈이 역모를 꾀할 줄 짐작하고 있었다!"

유자광은 한 술 더 떠 몇 년 전 남이가 지은 시까지 들추어내어, 남이가 오래 전부터 역모를 꾀하고 있었다는 모함을 했어.

몇 년 전에 남이가 지었다는 시란 다음과 같아.

백두산 돌은 칼을 갈아 닳게 하고
두만강 물은 말에게 먹여 없애리라
사내 나이 스무 살에 나라를 평정 못한다면
뒷날 그 누가 대장부라 불러 주랴

젊은 장수가 중국과 맞닿은 국경인 백두산에 올라 감흥에 겨워 읊은 호쾌한 내용의 시야. 그러나 역모의 뜻이 있다고 생각하면서 들으면 또 그런 냄새가 풍기는 내용이기도 했거든.

유자광은 이미 이 시를 알고 있었지만, 아끼고 아꼈다가 한꺼번에 예종에게 보고하는 치밀함을 보였어.

아니나 다를까, 불에 기름을 부은 듯 예종은 엄청나게 화를 냈어.

"뭐가 어쩌고 어째? 스무 살에 나라를 평정해? 이건 분명히 짐을 해치고 자기가 임금이 되겠다는 수작이 아니더냐? 여봐라,

당장 남이를 잡아들여라!"

 아닌 밤중에 홍두깨라더니, 영문도 모르고 꽁꽁 묶인 채 예종 앞에 끌려온 남이는 그제야 자신이 유자광의 모함에 빠졌다는 것을 알았지만 때는 이미 늦었던 거야.

 "이놈, 남이야! 네가 지은 죄를 잘 알고 있으렷다?"

 남이는 기가 막혔어. 아무리 생각해 보아도 자기가 지은 죄라고는 나라를 위해 헌신한 것밖에는 없었기 때문이야.

 "전하! 천부당만부당하옵니다. 선왕(세조)의 총애를 받았던 제가 어찌 감히 반역을 꾀할 수 있겠습니까?"

 남이는 결코 아니라고 부인했지만, 예종의 화를 더욱 돋울 뿐이었어. 다른 조정 대신들 역시 남이가 역모를 꾀했다고는 생각하지 않았지만, 임금 곁에서 부리부리한 눈을 굴리고 있는 유자광 일파가 두려워 남이를 감싸 주지 못했어.

 "그래도 저놈이 죄를 실토하지 않는구나. 여봐라, 주리를 틀어라!"

 남이가 계속 죄를 부인하자 고문이 시작되었어. 잔인한 고문을 이기지 못한 남이는 결국 모든 것을 포기하고 거짓 실토를 하기에 이르렀어.

 "제가 역모를 꾀했습니다."

 "역모를 꾀한 자가 너 혼자만이 아니렷다?"

예종은 기다렸다는 듯이 함께 역모를 꾀한 자를 대라며 다시 심한 매질을 시켰어. 남이는 일그러진 얼굴로 주위를 둘러보다가 영의정 강순과 눈이 마주쳤어. 영의정은 깜짝 놀라 눈길을 피했어.

"나와 함께 역모를 꾀한 자는 바로 영의정 강순이외다."

강순은 깜짝 놀라 수염을 부르르 떨면서 남이를 향해 소리쳤어.

"네 이놈! 내가 언제 너와 함께 모의를 했더란 말이냐?"

강순이 따지고 들었지만, 남이는 이미 정신을 잃은 뒤였어. 강순 또한 억울하게 그 자리에서 체포되어 죽음을 눈앞에 두게 되었어.

며칠이 지난 후 두 사람은 사형 집행장에서 만나게 되었는데, 그 때 강순이 따지듯이 물었어.

"이놈, 남이야. 왜 죄없는 나를 끌어들였느냐?"

그러자 남이는 쓴웃음을 지으며 이렇게 대답했어.

"하하하! 억울하시오? 나도 마찬가지요. 하지만 나라의 최고 책임자라는 영의정이 간신들의 비위를 건드릴까 두려워 억울한 사람을 위해 진실 한 마디 해 주지 못한다면 죽어도 마땅하다고 생각했기 때문이오."

강순은 그 말을 듣고 할 말을 잃었어. 곧 사형이 집행되었고,

남이와 강순은 한을 품은 채 이 세상을 떠났어.

그 때 남이의 나이 스물일곱 되던 해였으니, 참으로 짧은 세상을 살다 갔다고 할 수밖에 없지.

그러나 남이의 수명이 짧을 것이란 점괘는 권람의 딸과 혼인할 당시에 이미 나와 있었다고 해.

남이 장군의 혼령이 나타나는 집

권람이 딸을 시집 보내기 전의 일이야. 사위될 남이의 운명점을 쳐 보았더니, 서른 살을 넘기지 못한다는 점괘가 나왔지 뭐야.

깜짝 놀란 권람이 얼른 혼인을 취소하려 하다가, 자기 딸의 점괘도 뽑아 보도록 점쟁이에게 일렀어.

"대감, 따님의 수명은 더 짧게 나타났습니다."

"하아! 이 모든 것이 하늘이 맺어 준 인연인 게지."

권람은 어쩔 수 없이 딸을 남이에게 시집 보냈어. 점괘는 신통하게 맞아 떨어졌지. 남이가 죽음을 당하기 전에 이미 권람의 딸도 병으로 세상을 떠났으니 말이야.

아내도 죽고 남이마저 죽었으니, 남이가 살던 집 또한 돌볼 사람이 없어 흉가가 되고 말았어. 게다가 이 집은 남이의 원한이 서린 곳이라 하여 아무도 와서 살려고 하지 않았거든.

그 집은 날이 갈수록 기둥이 썩고 지붕까지 무너져내려 금방이라도 귀신이 나타날 것 같은 음산한 집으로 변했어.

세월이 지남에 따라 남이의 사건도 사람들의 기억 속에서 점차 잊혀지기 시작했어. 100년쯤 후에 그 집은 형체조차 없이 사라지고 잡초만 무성한 공터로 변했어.

"임자 없는 땅이니 내가 푸성귀라도 심어 볼까?"

그 부근에 살던 한 노인이 이 곳을 텃밭으로 가꾸기 시작했어. 노인은 이 터가 남이의 집터였음을 전혀 알지 못했지.

텃밭에서 채소 싹이 올라오기 시작하던 어느 날 밤의 일이야.

노인은 무서운 꿈을 꾸었어. 머리를 풀어헤친 피투성이의 남자가 나타나서 자기의 억울함을 풀어 달라고 애원하는 거야.

꿈이 너무나 생생했던 노인은 이웃 사람들에게 꿈 이야기를 했어.

"어제 이상한 꿈을 꾸었네. 피투성이가 된 사람이 자기의 억울함을 풀어 달라는 거야. 그런데 아무리 생각해도 꿈만은 아닌 것 같아."

"그래요? 아마 남이 장군의 혼령일지도 모르겠군요. 이 터가 바로 남이 장군의 집터였답니다."

"그게 정말인가? 그렇다면 그의 혼령이 틀림없겠구먼. 여보게, 우리 힘을 모아 장군의 혼령을 위로하세."

"좋지요. 듣기로 장군에게는 후손도 없다고 하던데."

그 날 이후 두 사람은 마을 사람들을 모아 놓고 남이의 사당을 짓자고 설득했고, 마을 사람들이 한푼 두푼 돈을 모아 사당을 지

어 남이의 혼을 모셨다고 해. 이 때가 조선 말기인 순조(재위 1800 ~1834) 때였으니, 남이가 죽은 지 세월이 한참 지난 후였지.

매년 남이가 죽은 날에는 동네 사람들이 이 사당에 모여 제사를 지내 주곤 했어. 그러다가 언제부터인가 이 사당에 와서 빌면 죽은 사람의 영혼이 극락으로 간다는 소문이 돌았고, 급기야는 무당들까지 남이의 영정을 모시고 굿을 하는 풍습까지 생겨났어.

참 이상한 것은, 무당들은 한을 품고 죽은 장군을 신으로 모시

남이 장군 사당제 역모의 누명을 쓰고 억울하게 죽은 남이 장군의 원혼을 달래고 그의 충절을 기리기 위해 수백 년 동안 이어져 온 민속제를 발전시킨 남이 장군 사당제는 매년 10월에 열린다.

는 경우가 많다는 거야.

 고려 말의 충신 최영 장군, 병자호란의 영웅 임경업 장군, 또 삼국지에 나오는 촉나라의 장군 관우 역시 신으로 모셔지고 있지.

 그것은 아마 이들이 한을 품고 죽은 사람들이니, 위로해 주면 보답을 할 것이라고 믿는 사람들의 심리 때문이 아닐까?

 이제 젊은이들의 거리로 자리를 굳힌 대학로. 주말이면 발 디딜 틈조차 없을 정도로 붐비는 이 거리의 한쪽 구석에, 한때는 세상을 호령하던 젊은 장수가 살던 집이 있었다는 사실을 알고 있는 사람이 과연 몇이나 될까?

 세월이 지나면 무엇이든지 잊혀지는 법이지만, 역사의 현장은 고이 보존되고 간직되어 다시 후손들에게 전해져야 할 거야.

당신을 잊지 않겠어요, 치마바위

원래 인왕산의 이름은 '서산'이었다고 해. 그 이름이 인왕산으로 바뀐 것은 세종 때였어.

'인왕'이란 불교에서 불법을 수호하는 신의 이름인데, 고려 때 '인왕사'란 절이 있었기 때문에 인왕산으로 이름이 바뀐 것이라고 해.

한자로는 仁王山(인왕산)이라고 했는데, 일제 때 仁旺山(인왕산)으로 바뀌었어. 임금 왕(王) 자가 왕성할 왕(旺) 자로 바뀐 거야. 임금 왕(王) 옆에 붙은 '날 일(日)' 자는 바로 일본을 뜻하는 것이거든. 우리 민족을 말살하려는 일본의 간교한 짓에서 비롯된 거야.

산 높이가 고작 해발 338미터에 불과한 산이지만, 곳곳에 수많은 사연과 역사가 서려 있어.

인왕산 꼭대기에서 동남쪽으로 길게 뻗어 있는 널찍한 바위가 있는데, 이 바위를 '치마바위'라고 해. 이름이 치마바위가 된 데에는 다음과 같은 애절한 사연이 담겨 있어.

조선의 대표적인 폭군인 연산군에 대해 들어 봤을 거야. 어머니의 복수에 눈이 뒤집힌 연산군의 횡포는 날이 갈수록 더해만 갔고, 이를 참다 못한 왕족들과 신하들은 결국 연산군을 임금 자리에서 쫓아냈어. 그리고 연산군의 배다른 동생인 중종을 임금으로 추대했는데, 이 사건을 역사에서는 '중종반정' 이라고 해.

중종은 연산군과 달리 매우 인자한 임금이었어. 신하들의 말에 귀를 기울일 줄 알았고, 백성들을 위해 애를 쓴 분이지.

뿐만 아니라 중종은 중전하고도 사이가 아주 좋았다고 해. 그런데 문제가 생기고 말았어. 중전 문제로 신하들이 들고일어난 거야.

"전하! 중전을 폐하여야 하옵니다."

"중전에게 무슨 죄가 있단 말이오?"

"중전의 아버지 신수근은 연산군에게 빌붙어 죄를 많이 지은 사람이 아니옵니까?"

"신수근은 이미 귀양을 보내지 않았소?"

"한 나라의 국모인 중전의 아비가 죄인이라면 나라의 체통이 서지 않을 것입니다. 통촉하여 주시옵소서!"

중종은 몇 번이고 거절했지만, 신하들도 물러서지 않았어. 중종은 너무나 괴로웠어.

이런 사정을 아는 중전 또한 괴롭기는 마찬가지였어. 그래서 중전은 중종을 위해 스스로 자리에서 물러나기로 마음먹었어.

"전하, 제가 물러나겠사옵니다. 사사로운 일로 나라의 일을 그르칠 수는 없는 노릇입니다."

"말도 안 되오. 차라리 내가 임금 자리에서 물러나겠소!"

"아니 되옵니다, 전하! 임금이란 하기 싫다고 해서 물러날 수 있는 그런 자리가 아니옵니다. 제발 부탁이오니, 제 소원을 들어주십시오."

중종은 눈물을 흘리면서 중전을 껴안았어. 오히려 중전이 중종을 위로했지.

"전하, 비록 제 몸은 떠나지만, 항상 전하 곁에 있겠습니다."

"떠난다면서 어찌 내 곁에 있을 수 있단 말이오?"

"듣자하니 저를 인왕산으로 쫓아 보낸다고 합니다. 인왕산이라면 이 궁에서 빤히 바라보이는 곳이 아닙니까? 인왕산 바위에

치마바위
중종의 비인 단경왕후 신씨와의 애절한 사연이 담긴 인왕산의 치마바위.

매일 제 치마를 걸어 놓을 테니, 저를 보는 듯 하시옵소서."

"아아, 중전!"

마치 한 쌍의 원앙처럼 다정했던 중종 부부가 헤어지는 순간이었어.

13세의 나이에 한 살 아래인 진성대군(중종)과 결혼식을 올린 중전은 눈물을 머금은 채 떠나야 했어.

중전이 인왕산으로 떠난 바로 다음 날이었어. 경회루를 거닐

경복궁 경회루에서 바라본 인왕산

면서 중전을 그리워하던 중종이 인왕산을 바라보았어.

 인왕산 전체를 훑어보고 있던 중종의 눈길이 갑자기 한 곳에 고정되었어. 널찍하고 허연 바위 위에 중전의 것으로 보이는 옷가지 하나가 걸쳐져 있는 것을 보았기 때문이야.

 중전이 입고 있던 치마를 벗어 걸어 놓은 것이었어. 중종의 눈에서는 기쁨의 눈물이 흘러내렸어.

 "중전, 과연 그대는 내 곁을 떠나지 않았구려. 부탁이니 매일 옷가지를 하나씩 바위에 걸어 놓으시오. 나 역시 당신을 잊지 않고 있겠소."

그 후부터 눈이 오나 비가 오나 이 일은 계속되었다고 해. 비록 얼굴을 마주할 수는 없었지만, 두 사람은 바위에 걸린 옷가지로 무언의 대화를 나누고 있었던 거야.

이런 두 사람의 애틋한 사연을 아는 사람들은 그 바위를 '치마바위'라고 부르기 시작했어.

치마가 치마바위에 언제까지 걸렸는지에 대해서는 아무 기록이 없어. 다만 중전이 떠난 후 두 번이나 새 아내를 맞았지만, 중종은 죽을 때까지 중전을 잊지 않고 그리워했다고 해.

소원을 들어 주는 붙임바위

인왕산엔 유독 바위가 많아. 그래서일까? 인왕산에는 기묘하게 생긴 바위도 많고, 그 바위마다 하나씩 사연도 지니고 있어.

인왕산에 '붙임바위'라고 하는 바위가 있었어. 무려 2미터가 넘는 바위였는데, 연립주택을 짓는다는 이유로 부수어 버려 지금은 없어졌다고 해.

붙임바위를 한자어로 '부암'이라고 하는데, 지금은 부암동이

라는 동네 이름만 남아 있으니 참으로 안타까운 일이야.

이 붙임바위에는 다음과 같은 사연이 깃들어 있어.

고려 때의 일이야. 당시 고려는 늘 몽골의 쿠빌라이 칸이 세운 원나라의 침입을 받아왔어.

원나라 군사가 쳐들어오면 이 땅의 젊은이들은 모두 군대에 가야만 했어. 물론 직업 군인들도 있었지만, 그 수가 모자라다 보니 평소에는 농사를 짓거나 장사를 하던 젊은 남자들도 전쟁이 나면 모두 창칼을 들고 전쟁터로 나가야만 했어.

한 농촌에 농사를 지으면서 살아가는 젊은 부부가 있었어. 결혼한 지 1년도 채 되지 않은 신혼부부였지.

이들은 아침이면 함께 들에 나가서 농사일을 했고, 해가 질 무렵이면 집으로 돌아와 오순도순 사랑을 나누는, 매우 금실이 좋은 부부였어. 그러나 신혼부부라고 해서 전쟁의 소용돌이를 피해갈 수는 없었어.

어느 날, 창을 든 포졸 몇 명이 이들 부부를 찾아왔어.

"내일 아침까지 전쟁터로 나갈 준비를 하시오!"

젊은 부부는 어찌할 바를 몰랐어. 이 땅의 젊은이라면 바람 앞의 등불 처지가 된 나라를 구하러 나가는 것이 마땅한 일이었지만, 결혼한 지 1년도 채 되지 않아 집을 떠나 전쟁터로 간다는 것은 너무나 슬픈 일이었기 때문이야.

그러나 어쩔 도리가 없었어.

"여보, 섭섭하지만 참고 기다리시오. 원나라 놈들을 물리치는 대로 곧 돌아오리다."

남편이 이렇게 위로했지만, 아내는 마음을 놓을 수가 없었어. 하지만 아내 역시 담담하게 말했어.

"부디 몸조심하세요. 집안일은 걱정 마시고요."

이튿날 아침, 남편은 차마 떨어지지 않는 발걸음을 겨우 떼어 전쟁터로 향했어. 남편은 몇 번이고 뒤를 돌아보며 아내에게 그만 집으로 돌아가라고 손짓을 했어.

그러나 아내는 눈물을 흘리면서 동구 밖 느티나무 아래에서 오래오래 남편이 떠나가는 모습을 지켜보고 있었어.

아내는 집으로 돌아와서는 하얀 소복으로 단정하게 갈아입고 마을 뒷산에 있는 바위로 올라갔어.

"신령님, 부디 제 남편이 무사히 돌아올 수 있도록 도와 주십시오."

아내는 바위를 작은 돌로 문지르면서 오랫동안 기도를 했어. 이 기도는 몇 달에 걸쳐 계속되었어. 작은 돌로 문지른 곳에 커다란 구멍이 생길 정도로 빌고 또 빌었지.

'지성이면 감천', 즉 마음을 다하면 하늘도 감동한다고 했던가? 아내의 기도에 하늘이 감동한 듯 드디어 전쟁은 끝이 났고,

남편은 다친 곳 하나 없이 무사히 돌아왔어.

그런데 이상한 일이 생긴 거야. 아내가 바위에 문지르던 돌이 남편이 돌아온다는 소식이 들리기가 무섭게 그만 바위에 떡 붙어 버리는 게 아니겠어?

사람들은 이 소문을 듣고 이 바위에 신통력이 있다고 믿게 되었어. 아이를 낳지 못하는 사람, 집안에 우환이 있는 사람 등 크고 작은 소원을 빌려는 사람들이 어느새 이 바위에 돌을 문지르면서 기도하는 일이 잦아졌지.

인왕산은 경치가 아름다워 산수화가 많은데, 특히 정선의 《인왕제색도》가 유명하다. 이는 산 전체가 기이한 모양의 바위들로 구성되어 있기 때문이다. ❶ 벗어 놓은 삿갓 모양이라 해서 **삿갓바위** ❷ 스님이 장삼을 입고 서 있는 것처럼 보인다 하여 **선바위**로 불리는 바위들이 있다.

동시에 붙임바위는 그들이 돌로 문지른 까닭에 여기저기 움푹움푹 패여 마치 벌집 모양처럼 되어 버렸다고 해.

서울 한복판에 작지만 우람한 모습으로 서 있는 인왕산. 치마바위, 붙임바위 외에도 선바위, 삿갓바위, 병풍바위 등 기기묘묘하게 생긴 바위들이 참 많아. 그리고 이들 바위들은 모두 전설이나 역사적 사실들을 하나씩은 간직하고 있어.

귀하지만 가까운 곳은 잘 찾지 않는 것이 사람들의 습성이야. 그러나 이처럼 잠시 관심을 가지고 살펴보면 주위의 모든 것들이 역사라는 것을 잘 알 수 있을 거야. 굳이 먼 경주나 공주 같은 곳을 찾지 않더라도 우리는 주위 어느 곳에서나 쉽게 역사의 현장을 만날 수 있어.

 ### 중종반정

연산군 12년(1506), 성희안, 박원종 등 훈구파 세력(나라에 세운 공을 명분으로 오랜 기간 정치에 관여하며 권력을 행사하던 신하들)들이 폭정을 이유로 연산군을 몰아내고 그의 아우 중종을 임금으로 세운 사건을 말합니다.

연산군은 1498년 무오사화를 일으켜 신진관료집단인 사림파를 제거하고, 1504년에는 갑자사화를 일으켜 훈구파들도 철저하게 숙청했습니다.

그러나 이 과정에서 연산군 비호 세력의 지나친 독주는 지배층 내부의 불만을 야기시켰고, 특히 연산군은 방종한 생활로 인해 백성들로부터 원성을 사게 되었습니다.

이러한 약점을 이용하여 박원종, 성희안 등이 모의하여 임사홍, 신수근 등 연산군의 측근들을 제거하고 궁중에 들어가 성종의 계비인 정현왕후의 허락을 받아 연산군을 폐위시키고 중종을 등극시켰습니다. 성희안, 박원종 등은 훗날 개혁 정치를 추진하던 조광조도 모함하여 유배시키고, 끝내는 죽게 하였습니다.

연산군은 강화 교동으로 추방되어 그 곳에서 죽었다. 부인 신씨가 현재의 이 곳으로 옮겨 달라 청하여 옮기게 되었다. 서울 도봉구 방학동.

비운의 왕자, 안왕

　민지야. 너, 조선 고종 임금이 몇 살 때 결혼했는지 아니? 놀라지 마. 열다섯 살 때 했대.
　지금 나이로 열다섯 살이면 중학교에 다닐 나이니까 빨라도 한참 빨랐던 셈이지? 게다가 아기를 열일곱 살 때 낳았으니, 아이가 아이를 낳은 것과 다를 게 없었지.
　아무튼 고종이 열일곱 살에 낳은 아기를 우리는 '안왕'이라고 해. 안왕은 태어날 때부터 비극적인 운명을 가지고 태어났다고 할 수 있어. 고종의 정부인인 명성황후와의 사이에서 태어난 것이 아니라, 궁녀 이 씨와의 사이에서 태어났기 때문이야.
　안왕이 태어나던 날, 궁 안은 온통 축제 분위기였어. 모두 왕자의 탄생을 축하해 주었고, 할아버지인 대원군과 아버지인 고종은 축하 인사를 받느라 정신이 없었어.
　"전하, 감축 드립니다. 아기씨가 탄생하였으니, 앞으로 우리 조선의 앞날도 밝을 것입니다."
　"고맙소."
　나이 어린 고종은 쑥스러워하면서 신하들의 인사를 받았어. 그러나 단 한 사람, 명성황후의 가슴만은 시커멓게 타들어가고 있었지.

자존심 강하기로 유명한 명성황후이니만큼 궁녀가 먼저 왕자를 낳았으니, 속이 편하지만은 않았을 거야.

안왕의 어릴 적 모습은 참으로 당당하고 멋졌다고 해. 게다가 안왕의 손바닥에는 '임금 왕(王)' 자가 새겨져 있어서, 어느 누구 하나 앞으로 안왕이 나라를 이어갈 것을 의심하지 않았지.

"왕자님은 분명히 어진 임금님이 되실 거야. 손바닥에 이미 임금이 될 인물이라고 하늘이 점지해 주시지 않았겠어?"

백성들 또한 안왕이 다음 왕이 될 것이라 믿어 의심치 않았어. 이처럼 안왕은 주위의 관심과 사랑을 한 몸에 받으면서 건강하고 총명하게 자랐어.

그 동안 명성황후도 3남 1녀를 낳았어. 그러나 후에 임금이 된 순종을 빼고는 모두 어릴 때 죽고 말았어.

순종 역시 몸이 허약하여, 모두들 안왕이 임금 자리에 앉는 것을 당연하게 생각하고 있었지.

산이 높으면 골도 깊다는 옛말이 있어. 그렇게 귀여움을 받으면서 자라던 안왕이 열세 살 때 갑자기 세상을 떠나고 만 거야.

그것도 명성황후가 내린 인삼탕을 먹고 말이야.

모든 사람이 안왕이 죽은 이유는 명성황후가 내린 인삼탕에 독이 들었기 때문이라 여겼어. 자기가 낳은 아들을 임금으로 앉히기 위해 안왕을 독살한 것이라고 생각했지. 그러나 명성황후는 이 소문을 듣고 펄쩍 뛰었어.

"아니, 어떤 자가 그런 소문을 퍼뜨리고 다니는 게야. 다시 한 번 그런 말을 입에 담는 자가 있으면, 내 가만 두지 않으리라."

명성황후의 서슬퍼런 태도에 안왕의 죽음에 대한 소문도 금방 수그러들고 말았어.

고종에 이어 명성황후가 낳은 순종이 대를 이었어.

서울의 안국 전철역 부근에 있는 현대빌딩. 이 곳이 바로 비운의 왕자, 안왕이 죽을 때까지 살았던 집터야.

잿골이 재동으로 바뀌다

작은아버지(수양대군, 세조)에게 임금 자리를 빼앗기고 결국에는 유배지에서 죽음을 맞이한 단종의 하나밖에 없는 동생인 경혜공주도 이 곳에서 살았어. 한때 이 집은 죄없이 죽어간 사람들이 흘린 피로 얼룩진 적이 있었어.

수양대군이 정권을 잡기 위해 한명회, 권람 등과 함께 난을 일으킨 일이 있었는데, 이를 '계유정란'이라고 해.
　수양대군은 먼저 단종과 가깝게 지내는 사람들을 제거하기로 마음먹었어.

❶ 청령포는 단종이 유배되었던 곳이므로, 영조 2년(1726)에 일반인의 출입을 금하는 금표비를 세웠다.
❷ 단종이 유배 당시 머물던 집인 단종어가. 2000년, 승정원 일지의 기록에 따라 기와집으로 당시의 모습을 재연했다.
❸ 단종의 유배지 청령포는 소나무숲이 울창하고 물이 맑은 곳이다.
❹ 단종을 위해 충절을 다한 신하들의 위패와 함께 모셔져 있는 장릉. 강원도 영월군 영월읍.

"대군, 듣자하니 임금의 동생인 경혜 공주의 집에 단종과 가깝게 지내는 사람들이 자주 들락거린다고 합니다."

한명회가 수양대군에게 귓속말을 했어.

"나리, 먼저 그 집을 습격하여 그들을 없애야만 뜻을 쉽게 이룰 수 있을 것 같습니다."

권람이 조심스럽게 말을 꺼냈어.

수양대군은 눈을 지그시 감은 채 한동안 말이 없었어. 많은 사람의 목숨이 걸린 일이었기 때문이야.

"나리, 서두르셔야 합니다."

한명회가 다시 한 번 수양을 재촉했어.

"……알아서들 하시오."

수양대군은 괴로운 표정을 지으며 한명회에게 모든 것을 맡겼어.

한명회는 주저하지 않고 즉시 부하들을 불러 경혜 공주의 집을 살피도록 일렀어. 이윽고 밤이 되자, 하나둘 단종과 가깝게 지내는 사람들이 몰려왔어. 숨을 죽이며 이들을 살피고 있던 부하 하나가 한명회에게 보고를 했어.

"이제 올 만한 사람들은 다 온 것 같습니다."

한명회는 회심의 미소를 지으며 부하에게 명령했어.

"그럼 시작하게!"

한명회의 이 한 마디는 십여 명의 생사를 좌우하는 말이었어.

밤 12시가 가까워오는 시간이었어. 경혜 공주의 집에서 수양 대군의 음흉한 흉계를 막아 보려고 대책을 세우고 있던 단종의 측근들은 갑자기 들이닥친 괴한들을 보고 깜짝 놀랐어.

"네놈들은 누구냐?"

그러나 이들은 대답 대신 칼을 휘두르기 시작했어. 삽시간에

집안은 온통 아수라장으로 변했고, 이 날 참석한 모든 사람들은 목숨을 잃고 말았어. 집 안에는 그들이 흘린 피가 흥건하게 고여 있었다고 해.

"재를 뿌려 피를 덮어라!"

이 만행을 지휘했던 한 사람이 소리쳤어. 부하들은 즉시 아궁이에서 재를 꺼내어 피를 덮었어.

모든 것은 한명회의 계략대로 이루어진 거야. 한명회는 이에 그치지 않았어. 수양대군을 설득하여 어린 단종을 머나먼 강원도 영월 땅으로 귀양을 보냈고, 결국에는 사약을 내려 목숨을 빼앗고 말았어.

세월이 지나자 사람들은 이 집이 있던 동네를, 재가 덮인 곳이라 하여 '잿골'이라 불렀어.

잿골이 '재동'으로 바뀐 것은 일제 강점기 때야. 우리나라를 지배하고 있던 일제는 한글을 말살하기 위해 한글로 된 지명을 모조리 한자로 바꾸도록 했어.

"잿골은 뭐라고 하는 것이 좋을까?"

"그냥 재동이라고 하지요."

이렇게 해서 잿골은 재동으로 불리게 되었고, 오늘날까지 그대로 그 이름을 사용하고 있는 거야.

1945년 8월 15일 국권을 회복했지만, 오늘날까지 우리는 일본

이 제멋대로 바꾼 지명을 그대로 사용하고 있어.

'잿골'처럼 지명에는 저마다 그 이름이 붙여진 이유가 다 있어. 그런데 그 뜻을 무시한 채 붙여진 '재동' 같은 이름이 아직까지 사용되고 있다는 사실은 참으로 부끄러운 일이야.

그나마 다행인 것은 이제라도 나라에서 지명을 되찾고자 하는 노력을 기울이고 있다는 점이야.

비록 '잿골'처럼 비극적인 역사에서 비롯된 지명이라 할지라도 옛 이름을 하루 빨리 되찾았으면 하는 것이 내 바람이야.

부를 가져다 주는 흰 소나무 - 백송

기왕에 재동 이야기를 했으니, 재동에 얽힌 이야기를 하나만 더 해 볼까? '재동 백송'에 관한 이야기야.

'백송'은 '흰 백(白)'자에 '소나무 송(松)'자, 즉 흰 소나무란 뜻이야. 소나무 줄기는 대개 붉은 빛을 띤 갈색인데, 백송의 줄기는 하얀 빛을 띠고 있어.

우리나라에서 백송은 그리 흔하게 볼 수 있는 소나무가 아니야. 모두 합쳐도 8그루 정도 있을 뿐이지. 그것도 서울 근교에서만 자란다고 해.

모두 조선시대 때 중국에 갔던 사신들이 어린 묘목을 들여와 심은 것인데, 기르기가 매우 까다로워서 그 수가 많지 않다고 해.

하여간 우리나라에서 자라고 있는 백송들 중에서 가장 밑동이 희고 잘생긴 것이 지금 소개하려는 재동 백송이야.

게다가 재동 백송이 있는 집에 사는 사람이 영화를 누리면 누릴수록 밑동이 더 하얗게 변한다는 속설도 있어.

재동 백송이 있는 집에서 살았던 사람들을 하나하나 소개하면 다음과 같아.

먼저 조선 영조 때 판서(지금의 장관)를 아홉 번이나 배출한 풍양 조씨 집안이 이 집에서 오래 살았어. 임금의 외척이기는 했지만, 판서가 아홉이라면 정말 대단한 집안이라 할 수 있지.

이 풍양 조씨 집안에서 가장 유명한 사람은 이조판서를 지냈던 조엄이야.

문익점(1329~1398) 고려 말의 문신으로, 원나라에서 목화씨를 들여와 우리나라 의복 문화에 혁명을 일으켰다.

문익점이 원나라에서 목화씨를 들여와 우리나라 의복 문화에 혁명을 일으켰다면, 조엄은 일본에서 고구마를 들여와 우리나라 식생활을 변화시킨 사람이야.

고구마를 한자어로는 '남저'라고 하는데, 사람들은 고구마를 들여온 조엄을 기려 '조저'라고까지 불렀어.

양식이 모자라서 늘 쩔쩔맸던 당시의 일반 백성들은 두고두고

❷ **조엄(1719~1777)** 조선 영조 때의 문신. 통신사로 일본에 갔다가 고구마 종자를 들여와 우리나라 식생활을 변화시켰다. ❸ 조엄의 묘역에는 ❶ 신도비가 세워져 있다. 강원도 원주시 지정면.

조엄에게 고마운 마음을 가졌다고 해.

 이 풍양 조씨가 백송 집에서 사는 동안 백송이 가장 하얗게 변한 것은 헌종(재위 1834~1849) 때였다고 해.

 당시 풍양 조씨가 권력을 쥘 수 있었던 것은 조 대비의 힘이 컸어. 조 대비는 조엄의 손자인 조만영의 딸로, 중전으로 발탁됨으로 해서 풍양 조씨가 세도를 부리는 데 가장 큰 역할을 한 사람이야. 풍양 조씨들이 살았던 재동 백송이 가장 하얀 빛을 띤 것

도 그 때의 일이지.

그러나 세월이 지나자 재동 백송의 흰 빛도 점점 빛을 잃어 갔어. 새로운 외척 세력인 안동 김씨들이 득세하기 시작했기 때문이야.

강화 도령 철종(재위 1849~1863)을 임금에 앉히고 임금의 외척이 된 안동 김씨는 풍양 조씨가 누렸던 권력을 차지하게 되었어. 그리고 조 대비와는 사이가 아주 안 좋았지.

조 대비는 언젠가는 안동 김씨들을 몰아내고 권력을 되찾으리라 이를 갈며 때를 기다렸어. 그러던 어느 날이었어.

"대비마마! 신, 조성하이옵니다."

"어서 들라!"

조 대비의 친정 조카인 조성하가 궁궐로 찾아왔어.

"전하의 상태가 날로 악화되고 있으니, 보위를 이을 세자를 책봉해야 하지 않겠습니까? 머뭇거리다가는 또 안동 김씨 일파에게 선수를 빼앗길지도 모릅니다."

당시 철종 임금은 병으로 곧 죽음을 맞이할 처지였어. 그러나 그에게는 왕위를 이을 아들이 없었어. 따라서 왕손 중 누구 하나를 택하여 철종의 대를 잇게 해야 했거든. 바로 이 때 조성하가 조 대비를 찾아온 거야.

조 대비가 조용히 입을 열었어.

"자네가 나서서 왕손 중에 임금이 될 만한 아이가 있는지 알아보게. 우리가 임금을 세운다면, 그 동안 안동 김씨들에게 당한 수모를 모두 갚을 수 있을 게야."

"염려마십시오. 이미 다 알아보았습니다."

"그래? 누구를 말하는 겐가?"

"이하응의 아들이 적당할 것 같습니다."

"이하응이라면, 저잣거리에서 술주정이나 하는 사람이 아닌가?"

"그렇습니다."

"그건 안 되네. 아무리 후손이 없다 한들, 어찌 그런 사람의 아들을 임금으로 모신단 말인가?"

조 대비는 이하응이란 말을 듣고 역정부터 냈어.

"마마, 고정하시고 제 말을 마저 들어 주십시오."

조성하는 그 동안에 있었던 일을 낱낱이 설명하기 시작했어.

"이하응이 술판이나 노름판을 기웃거리며 난장판을 벌인 데에는 다 이유가 있어서였습니다."

"이유라니?"

"모두가 안동 김씨들의 경계심을 풀기 위한 계략이었다고 합니다. 만약 전하의 가까운 친척인 그가 야심을 품고 있다는 것이 드러나면 안동 김씨들이 가만히 두었겠습니까?"

"그도 그렇겠군. 그런데 그의 아들은 임금 자리에 앉을 만한 재목이던가?"

"임금이 되고도 남을 만했습니다. 이하응이 남들 모르게 이미 아들 재선에게 궁궐 법도까지 다 익히게 했답니다."

"듣고 보니 이하응 그 사람, 정말 대단한 인물일세. 그럼 모든 것을 자네에게 맡길 테니 알아서 하게."

결국 조성하는 조 대비의 명에 따라 이하응의 아들을 임금으로 앉히는 데 성공했어. 드디어 음지가 양지로 바뀌는 순간이었지.

이하응은 대원군이라는 칭호를 받고, 아들 고종이 어리다는 이유로 자기가 정치를 하기 시작했어.

그 동안 수모를 주었던 안동 김씨들이 추풍낙엽처럼 궁궐 밖으로 떨어져 나갔지. 그리고 조성하를 비롯한 풍양 조씨들이 다시 득세하게 되었어. 그리고 재동 백송은 다시 흰 빛을 띠었지.

충신과 함께 울고 웃는 흰 소나무

집은 박규수란 사람에게 넘어갔어. 박규수는, 실학파의 선구자이자 《허생전》《열하일기》 등을 지은 연암 박지원의 손자야.

❶ **제너럴셔먼 호** 1866년 조선 고종 때 대동강을 거슬러올라와 평양에 이르러 통상을 요구하던 미국의 상선이다.
❷ **운요 호**

박규수 역시 할아버지를 닮아 애국심이 투철하고 청렴하기가 이를 데 없는 사람이었지.

고종 때, 미국의 화륜선 제너럴셔먼 호가 대동강을 무단침입한 사건이 있었어.

평양 군민은 즉시 제너럴셔먼 호를 대동강에 침몰시켜 버렸어. 그 때 군사들을 지휘한 사람이 박규수였어.

박규수가 나라를 위해 한 일은 이외에도 참 많았어. 고종 말기 혼란스러운 나라를 바로잡고자 갖은 애를 썼지.

암행어사로서 백성들을 보살피기도 했고 선각자로서, 사신으로서 그는 잠시도 쉴 겨를이 없었어.

그러나 그의 노력에도 불구하고 국운은 점점 기울어만 갔지. 그의 몸도 점점 쇠약해졌는데, 몸을 돌보지 않고 나라를 위해 힘을 쏟은 탓이야.

그 때 '운요 호 사건'이 일어났어.

그 동안 일본은 수차례에 걸쳐 통상을 요구해 왔지만, 대원군의 쇄국 정책으로 뜻을 이루지 못하자 새로운 계략을 꾸민 거야. 무단으로 운요 호라는 배를 강화도에 보낸 거야.

강화 초지진에서 수비를 하고 있던 조선 군사들이 포탄을 날

린 것은 당연한 일이겠지. 그러나 일본은 이를 문제 삼았어.

"침략할 의도가 없는 우리나라 배에 포격을 가한 것은 불법적인 것으로 우리 일본은 참을 수 없습니다. 만일 쇄국 정책을 풀고 우리와 수교하지 않는다면 전쟁을 일으킬 수밖에 없소!"

일본은 다음 해인 1876년, 대규모의 군함을 이끌고 다시 강화 앞바다에 나타나서 조선을 협박했어.

박규수는 이번에도 조선 대표로 그들과 대적했어. 박규수는 갖은 방법으로 일본을 설득하려 했지만, 일본은 막무가내였어. 운요 호를 파견한 것도 모두 음흉한 속셈이 있었기 때문이야.

결국 조선은 그 해 일본과 굴욕적인 조약을 맺고 말았는데, 이를 '강화도 조약' 또는 '병자수호조약'이라고 해.

조약이라고는 하지만 일본에게만 유리한 내용들이었어. 게다가 이 조약은 훗날 조선이 일본의 지배를 받게 되는 빌미를 제공한 꼴이 되고 말았지.

강화도 앞바다에 집결한 일본 함대

그 사실에 너무나도 한이 맺혀서일까? 강화도 조약이 맺어지던 날, 병마에 시달리고 있던 박규수는 그만 조용히 숨을 거두고 말았어.

모르긴 해도 아마 이 날 재동 백송 또한 틀림없이 흰 빛을 잃었을 거야. 그리고 재동 백송이 가장 흰 빛을 발했던 것은 풍양 조씨들이 득세하고 있을 때가 아니라, 바로 박규수가 나라를 위해 동분서주하고 있을 때가 아니었을까?

예전에 보호수로 지정되어 보호를 받고 있던 재동 백송이 시들시들 죽어 간다는 안타까운 소식이 전해진 일이 있어.

자신을 빛내 줄 주인을 만나지 못한 탓일까? 아마 수명이 다한 탓이겠지. 서울시에서는 용하다는 나무 전문가들을 총동원하여 백송 살리기에 나섰어. 그 결과 백송은 다행히 더 나빠지지는 않고 있다고 해.

수많은 기쁘고 슬픈 역사의 현장을 지켜 온 재동 백송. 지금은 비록 병든 모습을 하고 있지만, 언젠가는 다시 소생하여 그 흰 빛을 발할 날을 기대해.

재동 백송은 현재 헌법재판소 내에 자리를 잡고 지금도 꿋꿋이 서 있어.

알쏭달쏭 역사 확대경

신미양요

1866년 병인양요가 일어나기 직전에 미국의 상선 제너럴셔먼 호가 통상을 요구하면서 대동강을 거슬러올라와 소란을 피우자, 평양 군민들이 이를 불태워 버린 사건이 있었습니다.

후에 이 사실을 안 미국은 1871년, 그들의 아시아 함대를 동원하여 강화도에 침입하여 왔습니다. 한때 광성진을 점령한 미군은 조선 군민의 완강한 저항에 부딪혀 오래 버티지 못하고 물러갔습니다. 이를 신미양요라고 합니다.

흥선대원군은 두 차례에 걸친 서양의 침입을 막아 내면서 천주교 탄압을 계속하였고, 각지에 척화비를 세웠습니다.

척화비의 내용은 '서양 오랑캐가 침범하였을 때 싸우지 않음은 곧 화의하는

❶ 광성진은 신미양요 때의 최대 격전지였다.　❷ 광성진 포대

것이요, 화의를 주창함은 나라를 파는 것이다' 라는 것이었습니다.

강화도 조약

고종 13년(1876)에 강화부에서 조선과 일본 사이에 체결된 조약으로, 정식 명칭은 '조일수호조규' 입니다.

조선과 국교 관계를 맺기를 희망한 일본은 조선이 이를 거부하자, 운요 호를 수도의 관문인 강화도로 출동시켜 연안 포대의 포격을 유발하였습니다. 이 사건을 기회로 일본은 군사력을 동원한 강력한 교섭을 펴, 마침내 강화 연무당에서 12조로 된 조약을 체결하였습니다. 조약의 체결로 조선은 개항 정책을 취하게 되어 점차 세계 무대에 등장하는 계기가 되기도 하였으나, 불평등조약이었기에 일본의 식민주의적 침략의 시발점이 되었습니다.

❶ 1876년, 조일수호조규 체결 당시의 모습 ❷ 척화비

 ## 연암 박지원

영조 때인 1737년에 태어나서 순조 때인 1805년에 세상을 떠난 조선시대의 학자입니다.

젊은 시절 과거에는 뜻을 두지 않고 박제가, 유득공, 홍대용 등 실학자(17세기 중엽 이후에 우리나라 문화에 대한 연구를 통해 변화와 개혁을 주장하던 학자)들과 사귀면서 학문에 전념하였습니다.

청나라에 갔다가 서구 문물을 보고 감탄하는 동시에 충·효 따위의 보이지 않는 가치만을 중요하게 생각하고 물질적인 것에는 전혀 관심을 두지 않는 조선 사회를 위해 뭔가를 해야겠다고 생각합니다.

박지원은 중국에서 보고 느낀 것을 적은 《열하일기》라는 책을 통해 '이용(경제)이 있고 나서 후생(생활이 넉넉해지도록 돕는 일)이 있고, 후생이 있고 나서

❶ 연암 박지원 ❷ 26권으로 엮은 기행문집 《열하일기》 ❸ 《열하일기》의 내용 중 '수레' 사용에 관한 내용이다.

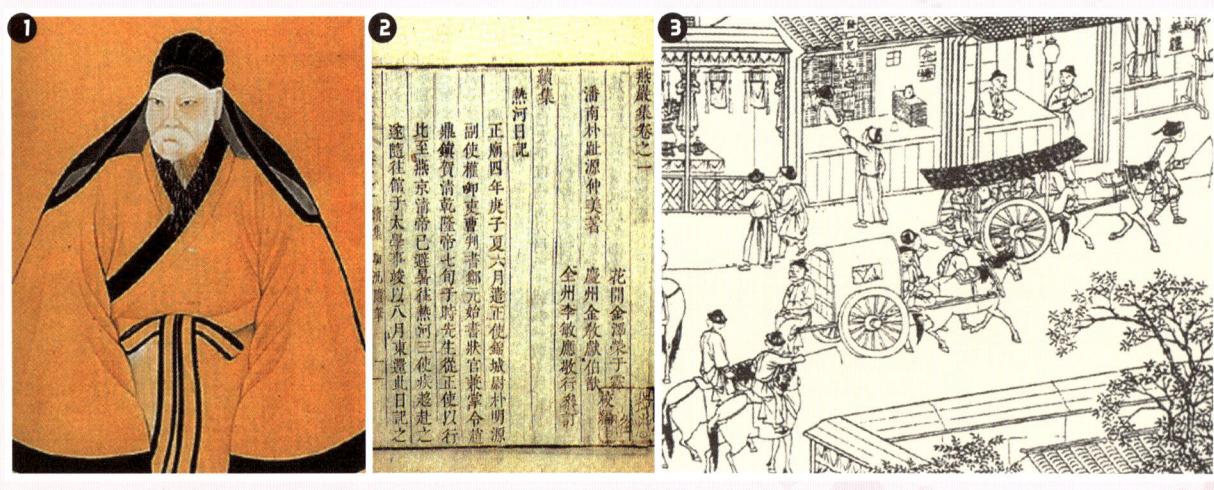

야 효나 충 같은 도덕이 생긴다'고 했습니다.

쉽게 말하자면 박지원은 '도덕은 먹고 사는 데 어려움이 없을 때 비로소 이루어지는 것'이라고 생각했던 것입니다.

그는 또 '백성과 나라에 이익이 된다면 비록 오랑캐라 할지라도 그들에게서 배울 것은 배워야 한다'고 하며 조선 사람들이 보다 현실적인 자세를 가질 것을 촉구했습니다.

《허생전》《양반전》《호질》 같은 문학 작품과 《과농소초》 같은, 농사에 필요한 책을 많이 지었습니다.

일제의 우리 땅 이름 바꾸기

일제는 35년 동안 우리나라를 지배하면서 우리의 민족 문화를 말살하려고 애썼습니다. '창씨개명'을 통해 강제로 성과 이름을 바꾸게 하였고, 한글을 쓰지 못하게 했습니다.

우리 말로 된 땅 이름을 억지로 한자어로 뜯어고친 것도 그 때의 일입니다. 1910년, 서울의 옛 이름인 한성을 경성으로 바꾸면서부터 이 작업이 시작되었는데, 역사적 근거에 따라 지어진 우리의 지명이 아무렇게나 바뀐 것입니다. 잿골이 재동으로 바뀌게 된 것도 이 때의 일입니다.

가짜 산에 모인 꼭지떼

'맑을 청' '시내 계' '내 천' 자가 합쳐진 이름 청계천. 그대로 풀이하자면 '맑은 시내'란 뜻이야.

청계천은 서울의 강북 지역 한복판을 가로지르는 개천인데, 한때는 마른내처럼 복개(뚜껑을 덮음)되어 차도로 쓰이다가 다시 복원되어 서울 시민들의 휴식처가 되고 있어.

옛날에는 그 이름만큼이나 맑고 깨끗한 물이 흘렀다고 해. 아녀자들이 빨래를 하고 어린아이들이 멱을 감았다 하니, 청계천이 얼마나 맑았는지 짐작이 가고도 남지?

청계천의 모래 또한 곱고 깨끗했대. 요즘은 강 모래가 건설 현장에 꼭 필요한 재료로 매우 비싸게 팔리고 있지만, 옛날에는 귀찮은 것이었나 봐.

청계천에서 빨래하는 아낙들과 물장난하는 아이들

무슨 말인고 하니, 강물에 씻겨내려온 모래는 종종 강바닥을 높였고, 따라서 비가 조금만 와도 강물이 넘치곤 했기 때문이야.

지금도 한강에 나가 보면 강바닥의 모래를 퍼올리는 준설 작업을 하는 모습을 볼 수 있는데, 여기에는 두 가지의 목적

이 있어.

첫째, 수심을 깊게 하여 물의 흐름을 좋게 하기 위함이고, 둘째로는 파낸 모래를 건설 자재로 쓰기 위해서야.

그러나 옛날에는 모래를 쓸 일이 거의 없었기 때문에 홍수 방지를 위해 파 놓은 모래는 그냥 강둑에 쌓아 두곤 했대.

조선 영조 임금 때의 일이야. 서울 도성을 가로지르며 흐르는 청계천은 여름철만 되면 늘 말썽을 부렸다고 해. 비가 조금만 와도 강물이 넘쳐 수재민이 생기는 일이 많았던 거야.

❶ **수표교** 원래는 청계천 2가에 있었으나 1959년 청계천 복개 공사를 하면서 장충단 입구로 옮겼다.
❷ **수표** 하천의 수위를 측정하기 위해 설치한 것으로, 청계천의 경우는 낮은 돌기둥 위에 나무기둥을 세운 형태였다.

그 이유는 아까 설명한 것처럼 강물에 쓸려내려온 모래가 강바닥을 높여 놓았기 때문이야.

"나리, 무언가 대책을 세워야 할 것 같습니다."

매년 여름마다 홍수 문제로 골치를 앓고 있던 관리 하나가 한성 판윤(오늘날의 서울시장)에게 말했어.

"어쩌면 좋겠는가?"

"청계천 바닥의 모래를 파서 수심을 깊게 하는 수밖에 없습니다."

"그 방법밖에 없다면 할 수 없지 않은가? 즉시 공사를 시작하게!"

이렇게 해서 청계천 준설(강바닥을 파올려 수심을 깊게 하는 일) 공사가 시작되었고, 모래가 강둑에 쌓이기 시작했어.

지금 같으면 건설 회사에서 얼씨구나 하고 모래를 가져갔겠지만, 당시에는 아무짝에도 쓸모없는 모래가 자꾸 쌓여만 갔어.

조선 영조 때의 청계천 준설 공사 모습

강둑을 따라 모래를 쌓아 둘 수가 없어 인부들은 모래를 지금의 동대문운동장 부근에 산처럼 쌓아 놓았다고 해. 공사가 다 끝나자 그 동안 쌓아 놓은 모래가 산을 이룰 정도였다고 해.

어느덧 사람들은 이 모래산을 가짜 산이란 뜻으로 '가산'이라고 불렀어. 이 가산은 일제 강점기 때 동대문운동장을 만들면서 헐렸어.

그런데 가산이 생기고 나서부터 이 부근은 우범 지대가 되고 말았어. 한양 거리를 떠돌던 거지들의 생활 터전이 된 거야.

그냥 밥만 얻어먹는 거지들만 산다면 큰일은 아니겠지만, 문제는 범죄를 저질렀던 전과자들이 몰려 산다는 데 있었어.

지금이야 감옥에서 나오더라도 마음만 굳게 먹으면 새 사람이 될 수 있지만, 옛날엔 그럴려고 해도 그럴 수 없었다고 해.

왜인고 하니, 옛날에는 얼굴과 팔뚝에 문신을 새겨 누구나 전과자임을 알아볼 수 있게 했기 때문이야. 이런 문신을 새기는 것을 '경을 친다'고 해.

"이런 경을 칠 놈 같으니라고!" 하는 욕을 들어 본 적이 있을 거야. 절대로 이런 욕을 하면 안 돼. 알고 보면 이런 끔찍한 뜻이 숨겨져 있는 욕이거든.

전과자들이 당한 것은 그뿐만이 아니었어. 경을 치게 되면, 조상을 욕되게 했다 하여 집안 제사에도 참여할 수 없었어.

게다가 장사를 할 수도 없었으며, 아무도 같이 일하려고도 하지 않았어.

그러니 그들이 살아 있는 동안 할 수 있는 일이라고는 그저 주인 없는 가산에 땅굴을 파고 살면서 밥이나 얻어먹든가, 아니면 못된 짓을 하는 수밖에는 없었지.

  못된 짓이란 다름 아닌 세도가들과 손을 잡고 힘없는 사람들의 재산을 가로챈다거나, 장사하는 사람들을 협박하여 돈을 뜯어 내는 것들이야.

  이들은 법도 두려워하지 않았거든. 사람들은 이들을 '꼭지떼'라고 불렀고, 그 우두머리를 '꼭지딴' 이라고 불렀어.

꼭지떼를 없애는 묘책

"기왕 버린 몸. 한 번 죽지, 두 번 죽나?"

막다른 데까지 와 있던 꼭지들이 자주 내뱉는 말이었다고 해.

꼭지들의 수도 점점 많아졌는데, 수가 많다 보니 두목이 생겼고, 선거로 선출된 두목을 '꼭지딴'이라고 불렀어. 지금의 조직 폭력배와 비슷한 집단이야.

점점 이들의 행패가 도를 넘어섰기 때문에 한성 판윤이 나섰던 거야. 그러나 이들의 세력을 무너뜨리기엔 한성 내의 포졸들의 수가 턱없이 모자랐어.

"이를 어쩌면 좋을까?"

한성 판윤은 청계천 꼭지들 생각만 하면 골치가 아플 지경이었어.

청계천에만 꼭지들이 있었던 게 아니야. 서소문, 새남터, 만리재에도 꼭지들이 들끓었거든.

"판윤 나리, 우리가 꼭지들을 무마하기란 쉽지 않을 것 같습니다. 차라리 꼭지들에게 다른 일을 주어 나쁜 일을 하지 못하게 하는 것이 어떨까요?"

머리 좋은 관리 하나가 이런 제안을 했어.

"다른 일이라면?"

"내의원이나 혜민서 등에서 쓰는 약재를 꼭지들만 납품할 수 있도록 하면 어떨까요?"

"그들이 약재를 어디서 구하겠는가?"

"약재에도 종류가 많습니다. 약초 캐는 일이야 전문가가 해야겠지만, 뱀이나 두더지, 고슴도치 같은 것은 그들도 충분히 잡아 올 수 있을 것입니다."

"하지만 그걸로 먹고살기엔 부족하지 않을까?"

"또 있습니다. 벼슬아치의 혼사나 장례식 때 경호하는 일도 그들에게 맡기는 겁니다. 원래 그런 날이면 귀찮은 사람들이 많이 나타나지 않습니까?"

"좋은 생각이야. 당장 시행하게."

드디어 꼭지들이 합법적으로 살아갈 수 있는 기반이 마련된 거야.

다행히 이 제도가 시행된 후부터는, 아주 없어진 것은 아니지만 꼭지들의 횡포가 많이 줄었다고 해.

꼭지들이 관으로부터 받은 특혜는 이것만이 아니었어.

'추어탕'이 뭔지 알지? 미꾸라지를 넣고 푹 끓여 만든 국인데, 매우 영양가가 높고 맛이 좋아서 지금은 대중음식으로 많이 팔리는 음식이야.

옛날에는 서민들이 주로 먹었던 것인데, 관에서는 꼭지들에게

이 추어탕을 끓여서 팔 수 있는 권리도 주었어.

　가산에 사는 꼭지들이 운영하는 추어탕집은 광희문 근처에 있었다고 하는데, 워낙 맛이 좋아 손님들이 줄을 서서 차례를 기다릴 정도였다고 해.

　예나 지금이나 세상에서 가장 비겁한 일 중 하나가 자기 힘만 믿고 약한 사람을 괴롭히는 일일 거야.

　그러나 청계천 꼭지들도 사회에서 좀더 빨리 보듬어 줬더라면 그들 나름대로 얼마든지 떳떳한 방법으로 살아갈 수 있었을 텐데 말이야.

부패 관리를 끓는 물에 풍덩! - 혜정교

　꼭지떼 얘기가 나왔으니, 형벌에 대한 이야기를 하나 더 해 보려고 해.

　선조 때의 정치가이자 학자였던 노수신이 지은 역사지리책인 《동국여지승람》이라는 책을 보면 다음과 같은 내용이 나와.

　재물을 사사로이 탐한 관리는
　혜정교 위에서 끓는 물에 삶는다.

삼청동 고개에서 시작하여 광화문 네거리를 지나 청계천으로 흘러들어가던 맑은 개울이 있었어.

그 개울을 중학천이라고 해. 지금은 없어졌지만, 중학천 개울이 청계천으로 유입되는 쪽에 혜정교라는 다리가 있었는데, 그 위에서 부정을 저지른 관리를 끓는 물에 삶는 처벌을 내렸다고 해.

삶는다니? 설마 살아 있는 사람을 끓는 물에 넣는다는 뜻일까? 아무리 죽을 죄를 지었다고 해도 정말 그렇게까지 했을까?

사실이었다고 해. 끓는 물에 사람을 넣는 형벌을 '팽형'이라고 했다는데, 고종 때 우리나라에 와 있던 일본 외교관도 이 사실을 보고 본국에 이렇게 보고했대.

혜정교 터 표석 광화문 교보빌딩 앞에 있다.

"조선에는 죄인을 끓는 물에 집어넣는 팽형이라는 형벌이 있다. 매우 잔인한 사형 제도인 듯하지만 사실은 희극이나 마찬가지이다.

이 팽형을 당하는 사람은 탐관오리들이

다. 집행 방법은 다음과 같다.

　종로 혜정교 위, 사람들이 많이 오가는 곳에 아궁이를 만들고 그 위에 커다란 가마솥을 건다.

　아궁이에 불을 지필 장작을 가득 넣고 가마솥에 물을 채운다. 아궁이 앞에는 재판석을 만들고 포도대장이 앉는다.

　포도대장이 자리를 잡으면 탐관오리를 꽁꽁 묶어 솥뚜껑 위

에 앉힌다.
 포도대장은 죄인의 죄를 일일이 밝히고 나서 처형을 지시한다. 그러면 포졸들이 죄인을 가마솥에 넣고 아궁이에 불을 때는 시늉을 한다……."

 그러니까 끓는 물에 삶는 시늉만 했다는 말이군. 하긴 우리 조상님들이 그렇게까지 잔인했을 리가 없지.
 하지만 팽형으로 처형 절차가 모두 끝나는 것은 아니었어. 팽형을 당한 사람은 가족들에게 넘겨지는데, 이제 죄인은 살아 있는 사람처럼 행동할 수가 없었어.
 가짜 시체를 건네받은 가족들 역시 마치 죽은 사람을 대하듯이 상복을 입고 통곡을 해야만 했어. 살아 있는 시체를 두고 장례식까지 치르도록 했지.
 장례식을 치르고 나면 모든 절차가 끝나냐고? 천만에! 이제부터 진짜 형벌이 기다리고 있는데, 이미 죽은 목숨이라 여기고 함부로 바깥 출입을 못하게 했을 뿐만 아니라 모든 권리도 박탈당했어.
 친척이나 친구들조차 만날 수 없게 했으니 평생 집 안에 갇혀 지내는 신세가 된 거야.
 팽형을 당한 사람은 살아서 숨을 쉬기는 했지만 죽은 목숨이

나 다를 바가 없었지. 아니, 오히려 죽느니만 못했을 거야.

　몸에 손가락 하나 대지 않고 한 개인의 명예를 철저하게 박탈한, 실로 무서운 형벌이 이 팽형이었던 거야.

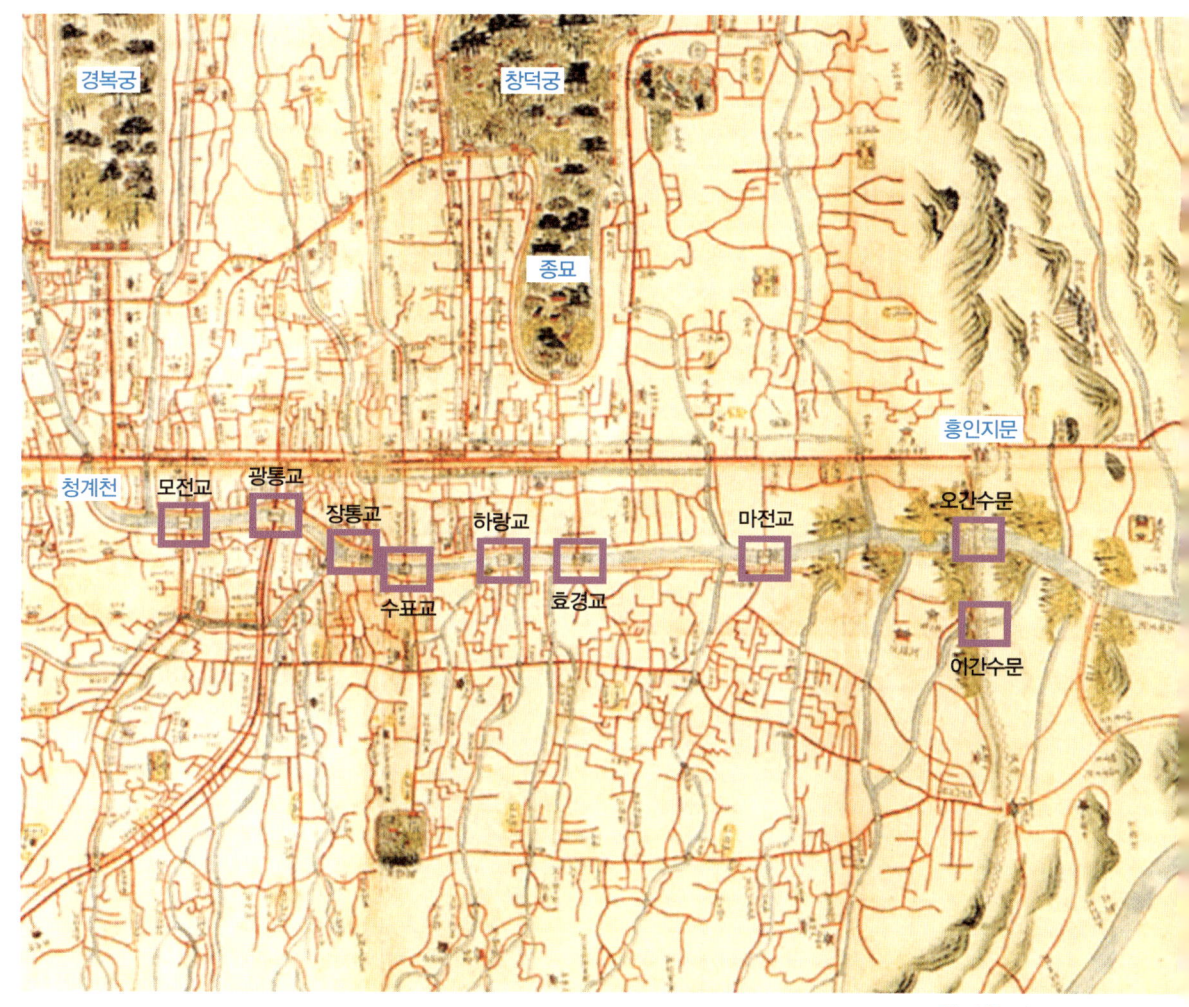

청계천 다리들

청계천의 어제와 오늘

청계천의 원래 이름은 개천(開川)으로, 서울이 조선 왕조의 도읍지로 정해진 이후 도성 안을 지리적으로뿐만 아니라 정치, 사회, 문화적으로도 구분하는 상징적인 경계선으로 작용했습니다.

청계천은 하천의 범람, 위생 등 여러 문제를 안고 있었는데, 이런 문제를 해결할 가장 근본적이면서도 간편한 방법은 '복개(뚜껑을 덮음)'였습니다.

여러 차례 복개 공사 계획이 있었으나 실행에 옮기지 못하고 있다가 마침내 1958년 5월 25일에 본격적인 복개 공사가 시작되어 1961년 12월에 완공하였습니다.

❶ 1920년대 농촌을 떠난 농민들이 서울로 몰려들어 청계천에 무허가 판잣집을 지었다.
❷ 청계천에서 놀고 있는 아이들

또한 복개도로 위에 새로이 고가도로가 만들어졌는데, 1967년 8월 15일에 착공하여 1971년 8월 15일에 완성하였습니다.

그 후 2003년 7월 1일 청계천 복원 공사에 착공, 2005년 10월에 완료하여 오늘에 이르고 있습니다.

❶ 청계천의 복개 공사
❷ 청계천의 고가 건설
❸ 복원된 청계천

| 찾아보기 |

ㄱ

가산 141
갑신정변 78
강순 92
강화도 조약 129, 133
건청궁 56
경혜 공주 118
계유정란 117
고대수 67
고종 43
광성진 132
광해군 80
광희문 59, 80
구파발 35
권람 85, 118
금부도사 46
김옥균 71
김정호 17
김홍륙 46
꼭지딴 142
꼭지떼 138

ㄴ

낙산 35, 58
남대문 62, 79
남산 35, 58
남이 장군 84
내외술집 26
노수신 145

ㄷ

단종 85, 117
대동여지도 18
독립문 35
독립신문 78
돈의문 59, 62, 79
동국여지승람 145
동대문 62, 79
동소문 62, 80

ㅁ

명성황후 46
무악재 35, 38
문익점 122
미우라 47

ㅂ

박규수 127
박영효 78
박지원 127, 134
베베르 57
병자수호조약 129
부암동 106
북대문 62
북소문 62, 80
북악산 35, 58
붙임바위 106
브라이상 37

ㅅ

4대문 4소문 62, 63, 79
삼국간섭 56
3일 천하 75
삿갓바위 109
서광범 78
서대문 35, 62, 79
서린옥 76
서소문 62, 80
서울 성곽 36, 58
서재필 78
선바위 109
세조 84
소덕문 59, 80
소의문 80
수구문 62, 80
수양대군 116
수표교 139

숙수 53
숙정문 79
숙청문 59, 79
숭례문 59, 79
순종 43
스크랜튼 부인 65
시구문 63
신미양요 132
신수근 102

ㅇ
아관파천 48, 57
안왕 114
양탕국 39
연산군 101, 111
예종 87
옥호루 56
우정총국 78
운요 호 128
유자광 87
육조거리 32
을미사변 46, 56
을지로 22
이범진 48
이시애의 난 85
이완용 48

이하응 126
이화학당 65
인왕산 35, 58, 101
인조반정 80
임오군란 78

ㅈ
자하문 80
장릉 117
장옷 26
장의문 80
장충단 57
재동 백송 121
잿골 116
제너럴셔먼 호 128
조엄 122
조일수호조규 133
종로 22, 31, 33
중종반정 102, 111
중학천 146

ㅊ
창경궁 59
창덕궁 59
창의문 59, 62, 80
척화비 132

청계천 22, 138, 150
청일 전쟁 56
청진동 25
초지진 128
최순영 34
치마바위 101

ㅍ
팽형 146
피맛골 22, 31

ㅎ
한명회 85, 118
혜정교 145
혜화문 59, 80
홍영식 78
홍화문 80
황토현 32
흥선대원군 46
흥인지문 59, 79

| 사진자료찾기 |

ㄱ

갑신정변의 주역들 78
강화도 앞바다에 집결한 일본 함대 129
강화도 조약 133
경회루에서 바라본 인왕산 105
고종 황제 44
광복 직후의 육조거리(1945) 33
광희문(수구문) 81
김옥균 71
김정호 18

ㄴ

낙산의 서울 성곽 58
남산 58
남이 장군 묘 85
남이 장군 사당제 96

ㄷ

단종어가 117
단종어가 금표비 117
단종 유배지 117
대동여지도 19
독립문 앞 땔나무 장수 35
돈의문(서대문) 80

ㄹ

러시아 공사관 앞에서 고종 황제를
   협박하는 일본군 57

ㅁ

명성황후 조난지 56
무악재 38
문익점의 묘 122

ㅂ

박지원 134
벼타작 27
복원된 청계천 151
북악산 58

ㅅ

삿갓바위 109
서울 성곽 36
서울을 둘러싼 내사산(內四山) 59
서재필과 독립신문 78
선바위 109
소덕문(서소문) 80
수선전도 81
수표 139
수표교 139

숙청문(북대문) 81
숭례문(남대문) 79
스크랜튼 부인 65
신미양요 격전지 광성진 132

ㅇ

아관파천 당시의 러시아 공사관 57
연산군의 묘 111
옛 러시아 공사관 탑 51
옥호루 56
우정총국 78
운요 호 128
육조거리 32
이범진 48
이완용 48
이화학당 67
인왕산 58

ㅈ

장릉(단종릉) 117
장옷 입은 여인 26
장충단비 57
재동 백송 130
전차가 다니는 종로(1903) 33
제너럴셔먼 호 128
조선 영조 때 청계천 준설 공사 모습

140
조엄 123
조엄의 묘 123
주막 29

ㅊ

창의문(북소문) 81
척화비 133
청계고가 건설 모습 151
청계천 복개 공사 모습 151
청계천에서 놀고 있는 아이들 150
청계천에서 빨래하는 아낙들과
 물장난하는 아이들 138
청진동 해장국 골목 25
초기의 전차 모습 35
치마바위 103

ㅍ

피맛골 30

ㅎ

흥선대원군 46
흥선대원군 묘 47
혜정교 터 표석 146
혜화문(동소문) 81
흥인지문(동대문) 79

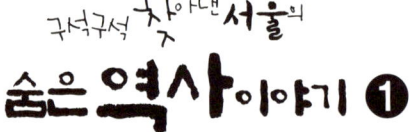

무서워서 피하나? 더러워서 피하지! - 피맛골

2009년 1월 5일 초판 1쇄 인쇄 | 2009년 1월 10일 초판 1쇄 발행 | 글 권영택 | 그림 김건 | 펴낸이 안경란
펴낸곳 책먹는아이 | 주소 서울시 종로구 와룡동 119-1번지 동원빌딩 509호 | 전화 02-763-1628 | 팩스 02-763-1629
ISBN 978-89-959804-6-0 (73980)

ⓒ책먹는아이 2009   *잘못된 책은 구입하신 서점에서 바꾸어 드립니다.

*이 책의 사진은 당사에서 직접 찍거나 서울특별시청 및 블로그 山寺愛人의 허락을 받아 게재한 것이므로
무단 전재 및 복제를 금합니다. 단, 흑백 사진은 서울특별시청과 무관함을 알려 드립니다.
저작권자를 찾지 못하여 부득이하게 먼저 사용한 사진이 있습니다.
저작권자가 확인되는 대로 게재 허락을 받고 합당한 사용료를 지불하도록 하겠습니다.